섬연구시리즈 14

그림과 함께하는
구약성경 이야기

한국기독교교육교역연구원 편

사단법인 한국기독교교육교역연구원
www.kcemi.or.kr

본서 「그림과 함께하는 구약성경 이야기」는 2007년에 연구학기로 모스크바 신학대학교에서 한 달 어간 러시아 신학생들과 졸업생들을 대상으로 기독교교육을 가르칠 때, 그곳에서 만난 나타사로 인하여 출판하게 되었습니다. 자돈스카야 나타사(Zadonskaya Natasha)는 모스크바 신학대학교 출신의 목사님 부인입니다. 그녀는 화가인데, 구약성경말씀 전체를 100장의 그림으로 5년여의 시간에 걸쳐서 그렸습니다.

제가 러시아에서 그녀를 만나게 되어, 이 그림들을 보았을 때 저는 하나님으로부터 받은 그녀의 영감과 함께 그녀의 심장을 그 그림 속에서 볼 수 있었습니다. 사실 그녀는 이 그림이 보드게임용으로 활용되기를 바라는 마음으로 각 그림에 번호를 붙였을 뿐만 아니라 각 번호의 색깔을 4가지로 구별하여 게임을 중지 및 계속할 수 있도록 했습니다. 그래서 본 연구원은 이 그림들을 윷놀이 형식이나 혹은 주사위를 던져 놀이할 수 있도록 보드게임과 카드로 제작하여 모든 연령층의 사람들이 성경말씀을 읽고, 퀴즈도 하면서 성경말씀을 쉽게 익힐 수 있도록 하였으나 제작비가 엄청나서 포기할 수밖에 없었습니다. 그럼에도 불구하고 나타사의 심장과 하나님의 영감을 느낄 수 있는 100장의 그림들을 여러분들과 함께 나누고 싶었습니다. 그런데 마침 하나님을 사랑하는 이가 이 그림들을 보고 선뜻 본서가 출판될 수 있도록 후원해 주셨습니다. 감사를 드립니다.

이 책이 출판되기까지 저와 같은 생각을 하였던 한 기관이 더 있습니다. 그 기관은 바로 한국장로교출판사인데, 본 연구원이 이 출판사와 공동으로 구약

발간사

성경 이야기 보드게임과 카드를 제작하려고 오랫동안 함께 고심하였던 것을 알리고 싶습니다. 그동안 함께 고심한 모든 이들에게도 감사를 드립니다. 마지막으로 장로회신학대학교 일반대학원 박사과정에 재학 중이며, 본 연구원의 간사인 이진주 목사님께서 이 책이 나오기까지 많은 수고를 하셨습니다.

많은 우여곡절 끝에 하나님을 사랑하는 이의 전폭적인 후원으로 나타사의 심장과 같은 그림들을 여러분들에게 내놓을 수 있게 하신 하나님께 감사와 영광을 돌립니다. 이 책을 보는 모든 이들 위에 하나님의 은혜와 사랑이 넘치기를 기원하면서 발간의 글을 맺겠습니다.

사단법인 한국기독교교육교역연구원 원장

임 창 복 교수

그림과 함께하는
구약성경 이야기

「그림과 함께하는 구약성경 이야기」에 있는 그림은 구약성경 전체에서 100개의 본문을 선택한 후 그것을 기초로 미술을 전공한 러시아인 나타사가 그렸다.

사단법인 한국기독교교육교역연구원에서는 그 그림과 연관된 본문을 2007년 아가페출판사에서 발행한 일러스트 쉬운성경(개정 1판 7쇄)과 2001년 대한성서공회에서 발행한 개역개정성경을 사용하여 기록하였다. 즉, 본 묵상집은 구약성경 이야기와 관련된 100개의 그림과 그 그림의 본문들로 구성되어 있다. 그림 바로 아래에 있는 성구는 그림의 핵심 성경구절이다. 그리고 본문 바로 아래에 있는 "묵상과 기도"는 세 부분으로 구성되어 있는데 맨 처음 부분은 묵상을 안내하는 내용이고, 가운데 부분은 성경본문의 핵심 주제를 해설한 내용이며, 맨 마지막은 묵상 중 하나님께 기도로 응답한 기도내용이다.

자돈스카야 나타사(Zadonskaya Natasha) ≪

모스크바 신학대학교 출신의

목사님 부인&화가

묵상집의 활용방법

묵상집을 활용하는 방법을 세 가지로 제시하면 다음과 같다.

첫째, 묵상하는 훈련이 어느 정도 되어 있어 스스로 묵상할 수 있는 경우에는 다음 단계에 따라 묵상집을 활용할 수 있다.

① 성령 하나님의 임재를 느끼며 기도한다.
② 그림을 보면서 성경말씀을 상상한다.
③ 마음을 집중해서 성경말씀을 읽는다.
④ 그림과 마음에 와 닿은 성경말씀에 초점을 맞추어 묵상한다(10분 이상).
⑤ 묵상 가운데 하나님으로부터 들려온 음성이나 느낌과 자신이 묵상 가운데 기도로 응답한 내용 등을 개인 묵상 노트에 기록한다.
⑥ 본문 아래에 제시된 "묵상과 기도"의 내용을 읽는다.

둘째, 묵상을 처음 하는 경우에는 다음 단계에 따라 묵상할 수 있다.

① 성령 하나님의 임재를 느끼며 기도한다.
② 그림을 보면서 성경말씀을 상상한다.
③ 마음을 집중해서 성경말씀을 읽는다.
④ 본문 아래에 제시된 "묵상과 기도"의 내용을 따라서 묵상한다.
⑤ 묵상 가운데 하나님으로부터 들려온 음성이나 느낌과 자신이 묵상 가운데 기도로 응답한 내용 등을 개인 묵상 노트에 기록한다.

셋째, 묵상하는 훈련이 잘되어 있는 경우는 제시된 성경본문과 연관된 부분들을 성경에서 찾으면서 자유롭게 묵상할 수 있다.

차례

Contents

1

천지창조 첫째 날 이야기

(창세기 1 : 3－4상)

“하나님이 이르시되 빛이 있으라 하시니 빛이 있었고
빛이 하나님이 보시기에 좋았더라”

태초에 하나님께서 하늘과 땅,
세상 모든 만물을 창조하셨습니다.

하나님께서 말씀하셨습니다.
"빛이 있으라!"
그러자 빛이 생겼습니다.
그 빛은 하나님이 보시기에 참 좋았습니다.

하나님께서는 빛과 어둠을 나누신 후
빛을 '낮'이라 부르시고, 어둠을 '밤'이라 부르셨습니다.
저녁이 지나고 아침이 되니,
바로 이날이 첫째 날이었습니다.

묵상과 기도

- 빛이 없는 세상을 한번 상상하면서 잠시 묵상해 보십시오.
- 어둠 가운데서 빛을 만드시고 식물과 동물, 그리고 사람에게 생명을 주시는 분은 하나님이십니다.
- 빛을 만드신 하나님! 감사합니다. 늘 빛 가운데 살아가게 해 주옵소서.

2

천지창조 둘째 날 이야기

(창세기 1 : 6)

"하나님이 이르시되 물 가운데에 궁창이 있어 물과 물로 나뉘라"

하나님께서 말씀하십니다.

"물 한가운데 궁창 * 이 생기고 물은 둘로 나누어져라."

그러자 하나님께서 말씀하신 대로
궁창 아래의 물과 궁창 위의 물로 나누어졌습니다.

하나님께서는 그 궁창을 '하늘' 이라고 부르셨습니다.
이 일은 둘째 날에 이루어진 것입니다.

* 궁창은 둥근 공간을 뜻함.

묵상과 기도

- 하나님께서 만드신 파란 하늘을 생각해 봅시다.
- 하나님께서는 천지창조의 둘째 날에 물 한가운데 궁창을 만드시고 물을 둘로 나누셨는데, 이 궁창이 바로 하늘입니다. 이것은 우리의 상상을 뛰어넘는 하나님의 전능하신 행위이며 섬세하고 계획적인 하나님의 사랑입니다.
- 넓고 높은 하늘을 바라보며 하나님의 넓은 마음과 깊은 사랑을 느끼게 하여 주옵소서.

3

천지창조 셋째 날 이야기

(창세기 1 : 9, 11)

“하나님이 이르시되 천하의 물이 한곳으로 모이고 뭍이 드러나라” “땅은 풀과 씨 맺는 채소와 각기 종류대로 씨 가진 열매 맺는 나무를 내라”

하나님께서 말씀하십니다.
"하늘 아래의 물은 한곳으로 모이고 뭍은 드러나라."
그러자 그대로 되었습니다.
하나님께서 뭍을 '땅' 이라 부르시고 모인 물은 '바다' 라고 부르셨습니다.
하나님께서 보시기에 참 좋았습니다.

하나님께서 또다시 말씀하십니다.
"땅은 풀과 씨를 맺는 식물과 씨를 가진 열매 맺는 온갖 과일나무를 내어라."
그러자 하나님께서 말씀하신 그대로 되었습니다.
이렇게 하여 땅에는 풀과 씨를 맺는 식물과 열매 맺는 나무들이 그 종류대로 생겨났는데, 이것 역시 하나님께서 보시기에 좋았습니다.

저녁이 지나고 아침이 왔습니다.
바로 이날이 셋째 날이었습니다.

묵상과 기도

- 하나님이 창조하신 땅과 바다, 그리고 땅과 바다의 식물들과 열매 맺는 나무들을 생각해 봅시다.
- 식물마다 생김새가 다양하고, 열매의 모양과 맛, 그리고 색깔 등이 다양하나 이 모든 것을 하나님이 아름답게 만드셨습니다.
- 바다와 육지, 풀과 나무들 이 모든 것을 주신 하나님! 감사합니다. 우리도 하나님이 좋아하시는 자연환경의 그 아름다움을 기뻐하면서 사랑하게 하옵소서.

4

천지창조 넷째 날 이야기

(창세기 1 : 14)

"하나님이 이르시되 하늘의 궁창에 광명체들이 있어 낮과 밤을 나뉘게 하고 그것들로 징조와 계절과 날과 해를 이루게 하라"

하나님께서 말씀하십니다.
"하늘에 빛들이 있어 낮과 밤을 나누고,
계절과 날과 해를 구별하여라.
그리고 우주 공간에 떠 있는 것들은
하늘에서 빛을 내어 땅을 비추어라."

그러자 하나님이 말씀하신 그대로 이루어졌습니다.
하나님께서는 두 개의 큰 빛을 만드신 후
그중 큰 빛으로 낮을 다스리게 하시고,
작은 빛으로 밤을 다스리게 하셨습니다.
그리고 별들을 만드셨습니다.

하나님께서는 이 빛들을 하늘에 두셔서 땅을 비추게 하셨으며,
그 빛들이 낮과 밤을 다스리게 하시고, 빛과 어둠을 나뉘게 하셨습니다.
하나님께서 이것을 보시고 참 좋아하셨습니다.

이 일은 하나님께서 넷째 날에 행하신 일입니다.

묵상과 기도

- 태양이 눈부시게 내리쬐는 낮, 부드러운 달빛, 그리고 반짝이는 별빛이 비추는 밤으로 구성된 하루를 나와 관련하여 묵상해 보십시오.
- 하나님께서 창조한 이 하루 동안 우리는 일하고, 쉬고, 먹고, 자고 합니다. 하루가 365일이 지나면 한 해가 됩니다.
- 오늘 하루를 있게 하신 하나님! 감사합니다. 앞으로 한 해, 두 해 세월의 흐름 속에서도 날마다 창조주 하나님을 기억하며 감사하게 하옵소서.

5

천지창조 다섯째 날 이야기

(창세기 1 : 21)

"하나님이 큰 바다 짐승들과 물에서 번성하여 움직이는 모든 생물을 그 종류대로, 날개 있는 모든 새를 그 종류대로 창조하시니 하나님이 보시기에 좋았더라"

하나님께서 말씀하십니다.
"물들은 생물을 번성하게 하라.
땅 위 하늘의 궁창에는 새가 날으라."

그래서 커다란 바다짐승과 물에서 움직이는 생물과
날개 달린 새가 그 종류대로 창조되었습니다.
하나님께서 이것들을 보시고 참 좋아하셨습니다.

하나님께서는 그것들에게 복을 주시며 말씀하십니다.
"새끼를 많이 낳고, 번성하여 바닷물을 가득 채워라.
새들도 땅 위에서 번성하여라."
저녁이 지나고 아침이 되니,
바로 이날이 다섯째 날이었습니다.

묵상과 기도

- 바다짐승과 생물, 새들, 그리고 이들의 새끼들을 상상해 보십시오.
- 하늘의 새들과 바다의 거북이, 악어, 각종 물고기들을 하나님께서 만드셨습니다. 그리고 이것들로 하여금 새끼를 많이 낳아 번성하게 하여 바다를 가득 채우셨습니다.
- 이 땅 위에 있는 모든 생명체를 창조하시고 기뻐하신 하나님! 감사합니다. 우리도 하나님처럼 모든 모양의 생명체들을 기뻐하고 사랑하게 하옵소서.

6

천지창조 여섯째 날 이야기

(창세기 1 : 27 – 28)

"하나님이 자기 형상 곧 하나님의 형상대로 사람을 창조하시되 남자와 여자를 창조하시고 하나님이 그들에게 복을 주시며 하나님이 그들에게 이르시되 생육하고 번성하여 땅에 충만하라…… 모든 생물을 다스리라 하시니라"

하나님께서 말씀하십니다.
"땅은 온갖 생물을 내어라.
가축과 기어 다니는 것과 땅의 짐승을 각기 그 종류를 따라 내어라."
그러자 하나님께서 말씀하신 대로 다 이루어졌고, 하나님이 노시기에 좋았습니다.
이 땅 위의 모든 생물들은 하나님의 말씀으로 창조되었습니다.

그 후에 하나님께서는 하나님의 형상을 따라 남자와 여자를 만드시고, 너무너무 좋아하시면서 그들에게 큰 복을 주셨습니다. 자녀를 낳고 번성하며, 바다의 물고기와 공중의 새와 온갖 가축과 들짐승과 땅 위에 기어 다니는 모든 생물을 다스리라고 하셨습니다.

그리고 온 땅의 씨 맺는 채소와 열매 맺는 모든 나무도 주셔서 사람들이 먹고 살 수 있게 하셨습니다. 물론 모든 땅의 생물들에게도 푸른 풀을 먹도록 허락하셨습니다.

하나님께서는 만드신 모든 것을 보시고 매우 좋아하셨습니다.
이 일은 여섯째 날에 이루어졌습니다.

묵상과 기도

- 하나님께서 하나님의 형상대로 남자와 여자를 창조하셨습니다. 하나님의 형상을 묵상해 봅시다.
- 하나님의 형상대로 창조된 인간은 창조주 하나님을 아는 지식과 바른 마음과 이해력으로 인간의 지, 정, 의 모든 부분이 건전합니다. 그러나 타락한 이후 인간은 이 하나님의 형상이 훼손되었습니다.
- 창조주 하나님을 아는 지식을 허락하신 하나님! 감사합니다. 지으신 모든 만물을 맡겨 주시고, 아름다운 세상을 잘 지키고 다스림으로 모든 먹을 것도 허락하신 하나님! 감사합니다.

7

일곱째 날에 쉬셨어요

(창세기 2 : 3)

"하나님이 그 일곱째 날을 복되게 하사 거룩하게 하셨으니 이는 하나님이 그 창조하시며 만드시던 모든 일을 마치시고 그 날에 안식하셨음이니라"

하나님께서는 하늘과 땅,
모든 만물을 만드시는 일을
다 이루셨습니다.

그리고 일곱째 되는 날에
하시던 일을 마치시고 쉬셨습니다.

하나님께서 일곱째 날을 복되게 하시고,
그날을 거룩하게 하셨습니다.
왜냐하면 하나님께서 창조하시며 만드시던
모든 일을 마치시고
그날에 안식하셨기 때문입니다.

묵상과 기도

- 하나님은 모든 창조사역을 마치시고 그 하신 일을 보시며 즐거워하신 후에 쉬셨는데, 일상에서 우리의 쉼은 어떠한지 묵상해 봅시다.
- 일과 쉼은 하나님이 만드신 창조 질서에 속하는 삶의 두 측면입니다. 모든 만물을 창조하신 하나님은 그 피조물들이 드러내는 하나님의 위대하심과 선하심, 그리고 피조물들의 찬양을 기뻐하셨습니다. 하나님은 일곱째, 쉬는 날을 복되고 거룩하게 하셨습니다.
- 천지 만물을 창조하시고 기뻐하시며, 복 주시고, 쉼을 허락하신 하나님! 감사합니다. 우리도 하나님처럼 일상의 일을 즐거워하며 새로운 일을 위한 회복의 쉼을 감사히 누리게 하옵소서.

아담과 하와의 불순종

(창세기 3 : 6)

"여자가 그 나무를 본즉 먹음직도 하고 보암직도 하고 지혜롭게 할 만큼 탐스럽기도 한 나무인지라 여자가 그 열매를 따먹고 자기와 함께 있는 남편에게도 주매 그도 먹은지라"

하나님께서 "동산에 있는 모든 나무의 열매는 마음대로 먹되 선악을 알게 하는 나무 열매는 먹지 말라. 먹으면 반드시 죽을 것이다."라고 말씀하셨습니다.

그런데 어느 날 간사하고 교활한 뱀이 하와를 꾀었습니다.

"너희는 죽지 않아. 너희 눈이 밝아져 선과 악을 알게 되고 하나님과 같이 될까 봐 그런 거야."

그 말을 듣고 난 후에 하와가 선악과를 바라보니 먹음직스럽고, 보기에도 아름다웠으며, 사람을 지혜롭게 해 줄 것처럼 보였습니다.

여자가 선악과를 먹고 자기 남편에게 주자, 아담도 선악과를 먹었습니다. 그러자 두 사람의 눈이 모두 밝아져서 자기들이 벌거벗고 있다는 것을 깨닫고, 스스로 무화과나무 잎을 엮어서 몸을 가렸습니다. 그런데 그때에 여호와 하나님께서 동산을 거니시는 소리가 들려오자, 아담과 하와는 하나님을 피해 동산 나무 사이에 숨었습니다. 그들을 발견한 하나님이 "네가 벌거벗었다고 누가 말해 주었느냐? 내가 먹지 말라고 한 나무 열매를 먹었느냐?"고 물으셨습니다.

아담이 "하나님이 저에게 주신 그 여자가 그 나무 열매를 주어서 먹었습니다."라고 대답했습니다. 하나님께서 하와에게 "네가 어찌하여 이렇게 행하였느냐?"고 하시자 "뱀이 저를 속였습니다. 그래서 제가 그 열매를 먹었습니다."라고 하와가 대답했습니다.

이처럼 아담과 하와가 하나님의 말씀을 따르지 않고 불순종함으로 인간에게 고통과 죽음이 오게 되었고, 땅은 저주를 받게 되었으며, 사람은 땀 흘려 평생토록 수고하여야 먹고살 수 있게 되었습니다.

묵상과 기도

- 하나님의 명령에 불순종한 핑계를 아담은 하와에게, 하와는 뱀에게 돌리는 것을 통하여 우리의 삶의 모습을 묵상해 보십시오.
- 하나님 말씀을 듣지 않는 것이 죄인데, 이로 인하여 인간은 하나님의 낯을 피하여 숨어 버리게 되어 하나님과의 관계가 단절됩니다. 게다가 이 단절의 이유를 다른 사람의 탓으로 돌리는 성향이 우리에게 있습니다.
- 하나님께 순종하지 않고 죄 가운데 살아가고 있는 우리를 불러 주시는 하나님! 감사합니다. 하나님과 늘 대화하는 삶을 살게 하옵소서.

9

에덴동산에서 쫓겨난 아담과 하와

(창세기 3 : 24)

"하나님이 그 사람을 쫓아내시고 에덴 동산 동쪽에 그룹들과 두루 도는 불 칼을 두어 생명 나무의 길을 지키게 하시니라"

여호와 하나님께서 동물 가죽으로 옷을 만들어 아담과 하와에게 입혀 주셨습니다.

그리고 하나님께서 말씀하십니다.
"보아라. 이 사람이 우리 중 하나와 같이 되어 선과 악을 알게 되었으니, 이제 그가 손을 뻗어 생명나무의 열매를 따 먹고, 영원히 살게 되는 것을 막아야 한다."

하나님께서는 아담과 하와를 에덴동산에서 쫓아내시고, 땅을 열심히 갈게 하셨습니다.
그 후에 하나님께서는 에덴동산 동쪽에 천사들을 세우시고, 사방을 돌며 칼날같이 타오르는 불꽃을 두시고, 생명나무를 지키게 하셨습니다.

묵상과 기도

- 하나님 앞에서 나의 부끄러운 모습을 상상해 보면서, 그 원인을 함께 생각해 봅시다.
- 자비하신 하나님은 불순종한 아담과 하와가 알몸으로 드러나지 않도록 가죽옷을 입혀 주셨습니다. 순종을 거부한다는 것은 피조물로서 창조주인 하나님을 의존하기보다는 인간의 자율적 지식과 의욕으로 삶을 사는 것입니다. 그 결과 인간은 영생에서 벗어나 숙명적인 죽음을 경험하게 됩니다.
- 부끄러운 모습 그대로를 받아 주시는 사랑의 하나님! 감사합니다. 하나님께서 지으신 피조물로서 범사에 순종하며 살게 하옵소서.

10

가인과 아벨

(창세기 4 : 4-5)

"……여호와께서 아벨과 그의 제물은 받으셨으나 가인과 그의 제물은 받지 아니하신지라 가인이 몹시 분하여 안색이 변하니"

아담이 아내 하와와 동침하매 하와가 임신을 하여 가인을 낳았습니다. 하와는 "여호와의 도우심으로 내가 남자 아이를 얻었다."고 말합니다.

그 후에 하와는 가인의 동생 아벨을 낳았습니다.

아벨은 양을 치고, 가인은 농사를 지었습니다.

세월이 지난 뒤에 가인은 땅의 열매를 하나님께 제물로 바쳤으며, 아벨은 처음 태어난 새끼 양과 그 기름을 바쳤습니다.

여호와께서는 아벨과 그의 제물은 받으셨으나, 가인과 그의 제물은 받지 않으셨습니다. 가인은 매우 화가 나서 안색이 변하였습니다.

묵상과 기도

- 하나님께 예배드리는 우리의 중심을 깊이 묵상해 봅시다.
- 목자인 아벨은 양을 제물로 드리고 농부인 가인은 땅의 소출을 제물로 드리는데, 이들 두 사람의 생활 상태 자체는 하나님께 드리는 예배 행위에까지 영향을 줍니다. 하나님께서는 제사를 드리는 사람의 마음의 중심을 보시므로 제사드리는 사람 자체가 중요합니다(삼상 16 : 7).
- 우리의 중심을 보시는 하나님! 신령과 진정으로 하나님께 예배드릴 수 있도록 도와주옵소서.

11

질투로 동생을 죽인 가인

(창세기 4 : 10)

"네가 무엇을 하였느냐 네 아우의 핏소리가 땅에서부터 내게 호소하느니라"

가인이 자기 동생 아벨에게 "우리가 들로 나가자."고 말했습니다.

그들이 들로 나갔을 때, 가인은 자기 동생 아벨을 쳐 죽였습니다.

여호와께서 가인에게 "네 동생 아벨은 어디 있느냐?"고 물으시자 가인은 "저는 모릅니다. 제가 동생을 지키는 사람입니까?"라고 대답했습니다.

여호와께서 말씀하십니다.

"네가 무슨 일을 행했느냐? 네 동생 아벨의 핏소리가 땅에서 나에게 호소하고 있다. 땅이 그 입을 벌려 네가 흘리게 한 네 동생의 피를 네 손에서 받아 마셨다. 그러므로 너는 이제 땅에서 저주를 받을 것이다. 네가 땅을 갈아 농사를 지어도 더 이상 땅은 너를 위해 열매를 맺지 않을 것이고, 너는 땅에서 떠돌게 될 것이다."

가인이 "이 벌은 제게 너무 무겁습니다. 주께서 오늘 저를 땅에서 쫓아내심으로 저는 이제 주를 만나 뵐 수도 없을 것입니다. 저는 땅에서 떠돌며 유랑할 것이고, 누구든지 저를 만나는 사람은 저를 죽이려고 할 것입니다."라고 하나님께 말했습니다.

여호와께서 가인에게 "아니다. 누구든지 가인을 죽이는 사람은 일곱 배나 벌을 받을 것이다."라고 말씀하시고, 가인에게 표시를 해 주셔서 가인이 누구를 만나든지 가인을 죽이지 못하게 하셨습니다.

묵상과 기도

- "네 형제는 어디에 있느냐? 네가 형제에게 한 행위가 무엇이냐?"고 묻는 하나님께 어떤 응답을 할 것인지 깊이 묵상해 보십시오.
- 구약에서 피와 생명은 하나님께만 속한 것이므로 생명의 파괴는 인간의 권한을 넘어 하나님의 소유를 침해하는 것입니다. 형제를 죽인 값은 경작지인 땅으로부터 추방당하여 떠돌이 삶을 살 뿐만 아니라 땅 자체도 축복의 능력을 베풀지 않는 결과를 낳습니다. 게다가 하나님과도 긴밀한 관계를 갖지 못하게 됩니다. 신약에서는 형제를 미워하는 자는 살인하는 자라고 말합니다(요일 3 : 15).
- 생명의 주인이신 하나님! 저에게 오늘까지 생명을 허락하심을 감사합니다. 하나님께 속한 다른 모든 생명도 존중하며 사랑하게 하옵소서.

12

하나님과 동행한 에녹

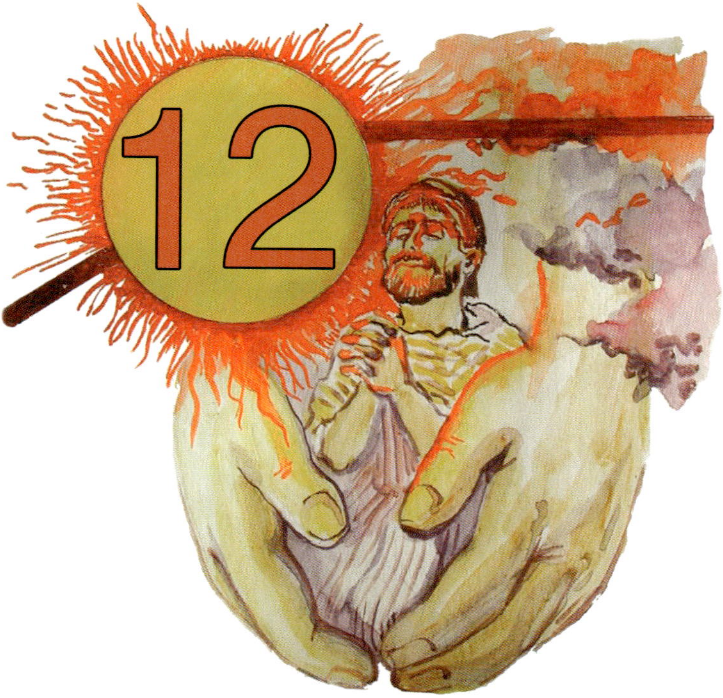

(창세기 5 : 24)

"에녹이 하나님과 동행하더니 하나님이 그를 데려가시므로 세상에 있지 아니하였더라"

아담이 130세에 셋을 낳았고, 셋은 에노스를 낳았으며, 에노스는 게난을 낳고, 게난은 마할랄렐을 낳고, 마할랄렐은 야렛을 낳고, 야렛은 에녹을 낳았습니다.

에녹은 65세에 므두셀라를 낳은 후에 300년 동안 하나님과 깊은 관계를 누리며 지냈습니다. 그동안 에녹은 다른 아들들과 딸들을 낳으며 세상에서 365년을 살았습니다.

일평생 에녹은 하나님의 뜻을 따라 하나님과 깊은 관계를 누리며 동행하는 삶을 살다가 하나님이 그를 데려가셨습니다.

묵상과 기도

- 나의 삶이 세상을 모방하는 삶인지, 혹은 하나님의 말씀을 지켜 행하는 삶인지, 아니면 그 중간에서 방황하는지 묵상해 보십시오.
- 에녹은 하나님과 동행하는 삶을 살았는데, 이는 그가 세상을 본받아 삶을 산 것이 아니라 하나님의 말씀에 따라 삶을 살았음을 뜻합니다. 하나님은 에녹의 경건하고 올바른 삶에 대한 사랑의 증거로 살아 있는 에녹을 데려가셨습니다.
- 하나님! 에녹처럼 하나님과 동행하는 삶을 살고 싶습니다. 하나님을 사랑하고 말씀대로 살 수 있도록 도와주옵소서.

13

가장 오래 산 므두셀라

(창세기 5 : 27)

"므두셀라는 구백육십구 세를 살고 죽었더라"

에녹의 아들 므두셀라는 187세에 아들 라멕을 낳고,
그 이후 782년을 지내며 자녀를 낳았습니다.

므두셀라는 세상에서 969년을 살았습니다.
그가 바로 이 세상에서 가장 오래 산 사람이랍니다.

묵상과 기도

- 이 땅에서 장수하기를 진정으로 바라는지 깊이 묵상해 봅시다. 장수하기를 원한다면, 어떻게 우리의 삶을 살아야 될지 생각해 보십시오.
- 생명이시고 영원히 장수이신 하나님을 사랑하고, 그의 말씀을 청종하며, 또 그를 의지하면 이 땅에서 우리는 복을 받습니다(신 30 : 20). 잠언 10 : 27에서는 이를 "여호와를 경외하면 장수하고"라고 표현합니다. 신약에서는 부모를 공경함으로 잘되고 땅에서 장수할 것이라고 말합니다(엡 6 : 3).
- 나의 생명이시고 영원하신 하나님을 사랑함으로 장수의 복과 풍요로운 삶을 누리게 하옵소서.

14

하나님의 후회하심

(창세기 6 : 5－6)

"여호와께서 사람의 죄악이 세상에 가득함과 그의 마음으로 생각하는 모든 계획이 항상 악할 뿐임을 보시고 땅 위에 사람 지으셨음을 한탄하사 마음에 근심하시고"

땅 위에 사람이 번성하기 시작할 때에 하나님께서 땅에 사는 사람의 죄악이 세상에 가득함과 그의 마음으로 생각하는 모든 계획이 항상 악할 뿐임을 보시고, 땅 위에 사람을 만드신 것을 한탄하시고 근심하시면서 다음과 같이 말씀하십니다.

"내가 만든 땅 위의 사람들을 모두 멸망시키겠다. 사람에서부터 땅 위의 모든 짐승과 기어 다니는 것과 공중의 새까지도 멸망시키겠다. 왜냐하면 내가 그것들을 만든 것을 한탄하기 때문이다."

묵상과 기도

- 우리 마음과 생각 속에 하나님을 한탄하게 하는 것들이 무엇인가 생각해 봅시다.
- 마음과 생각에 하나님을 두려워하는 것이 전혀 없는 사람들의 죄악이 세상에 가득 차 있는 것을 아시는 하나님께서 오래 참으신 끝에 인간을 포함하여 그가 창조한 모든 피조물들을 멸망시키겠다고 말씀하십니다.
- 우리의 마음과 생각을 감찰하여 아시는 하나님! 악한 생각과 꾀로 물든 우리를 불쌍히 여겨 주옵소서.

15

하나님의 말씀대로 순종한 노아

(창세기 7 : 23)

"……오직 노아와 그와 함께 방주에 있던 자들만 남았더라"

여호와께서 노아에게 "너는 가족을 이끌고 배로 들어가거라. 이 세대에는 너만이 내 앞에서 의로운 사람이다. 모든 깨끗한 짐승은 암컷과 수컷 일곱 마리씩, 깨끗하지 않은 짐승은 암컷과 수컷 한 마리씩 데리고 들어가거라. 하늘의 새도 암컷과 수컷 일곱 마리씩 데리고 들어가거라. 그래서 그들의 종자를 온 땅 위에 살아남게 하여라. 지금부터 7일이 지나면 내가 땅에 40일 동안 밤낮으로 비를 내리겠다. 그리하여 내가 만든 생물을 땅 위에서 모두 쓸어 버리겠다."고 말씀하셨습니다.

600세에 노아는 그의 가족들과 짐승들, 새들, 땅 위 기는 모든 것들의 암수 한 쌍씩을 이끌고 배 안으로 들어가 모든 일을 여호와께서 명령하신 그대로 다 행하였습니다. 7일 후 홍수가 땅 위를 덮쳤는데 그날, 땅 속의 샘이 열리고, 하늘의 구름이 비를 쏟아 부었으며, 비가 40일 동안 쉬지 않고 내려 대홍수가 났습니다. 높은 산들도 물에 모두 잠기게 되었으며 노아의 배는 물 위를 떠다녔습니다.

새와 가축과 들짐승과 땅에서 기던 모든 것과 사람들이 다 죽었습니다.

오직 노아와 그의 가족들과 배 안에 함께 있던 것만이 살아남았습니다. 150일 동안 물이 땅을 뒤덮고 있었습니다.

묵상과 기도

- 현재 나의 상황에서 불가능한 것을 하나님께서 요구할 때 나는 어떻게 응답하고 있는지 생각해 보십시오.
- 하나님께서 사람들이 땅을 폭력으로 가득 채웠으므로 홍수로 땅 위의 모든 사람들과 모든 생명들, 그리고 하늘 아래 모든 생물들을 다 쓸어 버릴 것이니 너와 네 가족을 위해 배를 만들라고 명령하시자(창세기 6장), 노아는 아직 상상해 보지도 않았고 현재 보이지도 않는 이러한 하나님의 명령을 위해 배를 준비했습니다. 이처럼 하나님의 명령을 그대로 신뢰하는 노아를 보고 의로운 사람이라고 하나님은 말씀하십니다.
- 하나님! 노아처럼 하나님의 어떤 명령에도 온 마음과 정성으로 하나님을 신뢰하게 하소서.

16

무지개를 통한 약속

(창세기 9 : 11, 13)

"내가 너희와 언약을 세우리니 다시는 모든 생물을 홍수로 멸하지 아니할 것이라 땅을 멸할 홍수가 다시 있지 아니하리라" "내가 내 무지개를 구름 속에 두었나니 이것이 나와 세상 사이의 언약의 증거니라"

하나님은 노아와 그의 아들들에게 "자녀를 많이 낳고 번성하여 땅을 채워라."

그리고 "땅 위의 모든 짐승들과 하늘의 모든 새와 땅 위를 기는 모든 것, 바다의 모든 물고기를 너희에게 주었다."고 말씀하셨습니다.

전에는 푸른 식물로 음식을 준 것 같이 이제는 살아서 움직이는 모든 것을 음식으로 줄 것이라고 하나님은 말씀하셨습니다.

하나님께서는 노아와 그의 아들들에게 말씀하시기를 "다시는 홍수로 모든 생물들을 없애버리지 않을 것이며, 홍수로 땅을 멸망시키는 일은 없을 것이다."라고 약속하셨습니다.

이 약속으로 하나님께서 "구름 사이에 내 무지개를 두었으니 그것이 나와 땅 사이의 언약의 표이다."라고 말씀하셨습니다.

구름 사이에 무지개가 나타나면 하나님과 땅 위에 모든 생물들 사이에 세운 영원한 하나님의 언약을 기억하라고 하나님은 말씀하십니다.

묵상과 기도

- 인간의 타락을 홍수로 심판하신 후, 그 생명의 번성함과 필요한 모든 것을 허락하시는 하나님을 나 자신과 연결하여 깊이 묵상하십시오.
- 노아 홍수 후에도 하나님은 타락한 인간에게 가장 기초적인 생명기능으로서 출산을 허락하십니다. 또한 인간에게 땅과 하늘의 모든 것을 창조질서대로 다스리면서 그것들을 음식으로 먹도록 주셨습니다. 그리고 다시는 홍수로 모든 생명을 멸하지 않는다는 약속으로 무지개를 주셨습니다. 여기에서 우리는 타락한 인간과 모든 생명체들에 대한 하나님의 자비하심과 오래 참으심을 알 수 있습니다.
- 나의 잘못을 오랫동안 참으시면서 고쳐 주시는 하나님! 감사합니다. 한결같은 자비로 나의 생명을 보존시키시고 필요한 모든 것을 늘 공급해 주시는 하나님께 감사하게 하옵소서.

17

바벨탑

(창세기 11 : 4)

“또 말하되 자, 성읍과 탑을 건설하여 그 탑 꼭대기를 하늘에 닿게 하여 우리 이름을 내고 온 지면에 흩어짐을 면하자 하였더니”

땅 위의 모든 사람들이 하나의 언어를 쓰고 있었는데, 동쪽으로 옮겨 시날 평야에서 살았습니다. 그들은 "벽돌을 만들어 단단하게 굽자." 그리고 벽돌과 역청을 만들어 "자, 우리의 성을 세우자. 그리고 꼭대기가 하늘까지 닿는 탑을 쌓자. 그래서 우리 이름을 널리 알리고, 온 땅에 흩어지지 않도록 하자."고 서로 말했습니다.

여호와께서 사람들이 쌓고 있는 성과 탑을 보려고 내려오셔서 이들이 하는 것을 보시고 "이 사람들은 한 백성이고, 그들의 언어도 다 똑같다. 그래서 이런 일을 시작하였는데, 이 일은 그들이 하려고 하는 일의 시작에 불과하다. 그들은 하려고만 하면 어떤 일이든지 할 수 있을 것이다. 그러니 내려가서 그들의 언어를 뒤섞어 놓자. 그리하여 그들이 자기들끼리 하는 말을 전혀 알아듣지 못하게 하자."고 말씀하셨습니다.

이와 같이 하여 여호와께서는 그들을 온 땅 위에 흩어 놓으셨습니다. 그리고 그들은 성 쌓는 일을 그만두었습니다.

여호와께서 온 땅의 언어를 그곳에서 뒤섞어 놓으셨으므로 그곳의 이름은 바벨이 되었습니다.

묵상과 기도

- 현재 나는 무엇에 집착해 있어 하나님의 뜻을 순종하기가 힘든지 깊이 묵상해 보십시오.
- 땅 위의 사람들은 바벨론을 나타내는 시날 평지에 정착하여 거대한 도시와 탑을 건립함으로써 그들의 강력한 단결과 명성에 관심을 기울였습니다. 탑을 하늘까지 쌓아 그들의 힘의 집약과 명성의 획득 곧 위대한 존재이고자 하는 욕망을 나타냈는데, 이것은 하나님께 대한 반역으로 은폐된 영웅적 거인주의를 보여 줍니다. 이런 모든 세력의 집결로 유혹을 받고 있는 이들을 통찰한 하나님은 더 혹독한 죄로 처벌을 내리지 않기 위해 본래 한 언어로 인한 일치성을 깨뜨리기 위하여 언어를 혼란케 하고 서로 이해하지 못하도록 흩어지게 하셨습니다. 이것은 하나님의 처벌인 동시에 예방조치였습니다.
- 욕망으로 인하여 하나님의 뜻을 거슬러 힘의 집약과 명성에 집착해 있는 우리를 저버리지 않으시는 하나님! 감사합니다. 이러한 집착으로부터 우리를 벗어나게 하옵소서.

18

아브람을 부르신 하나님

(창세기 12 : 1－2)

“여호와께서 아브람에게 이르시되 너는 너의 고향과 친척과 아버지의 집을 떠나 내가 네게 보여 줄 땅으로 가라 내가 너로 큰 민족을 이루고 네게 복을 주어 네 이름을 창대하게 하리니 너는 복이 될지라”

여호와께서 아브람에게 말씀하셨습니다. "네 나라와 네 친척과 네 아비의 집을 떠나 내가 너에게 보여 줄 땅으로 가거라. 내가 너를 큰 나라로 만들어 주고, 너에게 복을 주어, 너의 이름을 빛나게 할 것이다. 너는 다른 사람들에게 복이 될 것이다. 너에게 복을 주는 사람에게 내가 복을 주고, 너를 저주하는 사람을 내가 저주하겠다. 땅 위의 모든 백성이 너를 통해 복을 받을 것이다."

그래서 아브람은 아내 사래와 조카 롯, 종들, 그리고 모든 재산을 가지고 그 아비 집 하란을 떠났습니다. 이때 아브람의 나이는 75세였습니다.

아브람은 마침내 가나안 땅을 지나서 세겜 땅 모레의 큰 나무가 있는 곳까지 갔습니다. 그곳에는 가나안 사람들이 살고 있었습니다. 여호와께서 아브람에게 나타나 "내가 이 땅을 네 자손에게 줄 것이다."라고 말씀하셨습니다. 아브람은 그곳에서 자기에게 나타나신 여호와께 제단을 쌓았습니다.

아브람은 세겜에서 벧엘 동쪽 산으로 옮겨 장막을 세웠습니다. 서쪽은 벧엘, 그리고 동쪽은 아이였습니다. 아브람은 그곳에서도 여호와께 제단을 쌓고 예배를 드렸습니다. 그런 다음에 아브람은 계속해서 가나안 남쪽 네게브 지방으로 내려갔습니다.

묵상과 기도

- 현재 하나님의 축복이며 약속인 성경 말씀들에 조건 없이 복종하는 삶을 살고 있는지를 묵상함으로써 나 자신과 하나님 말씀과의 상호 친밀도를 측정해 보십시오.
- 하나님은 많은 민족들 중에서 아브람을 부르시어 삶의 기반인 그 아비 집 하란을 떠나라고 명령합니다. 이때 하나님은 그에게 셀 수 없이 많은 후손의 축복을 약속하십니다. 그러나 이 약속은 축복의 통로인 아브람을 통하여 외부의 모든 사람에게도 해당됩니다. 이런 의미에서 이 축복은 아브람과 그 후손을 훨씬 넘어서는 축복입니다. 동시에 이 축복은 하나님의 구원과 심판을 역사 속으로 가져옵니다. 여기서 심판은 축복의 말씀으로 거의 덮여 있습니다. 아브람은 이러한 하나님의 명령과 약속에 무조건 복종하여 가나안 땅을 지나 세겜에 도착하여 그 가족과 함께 하나님께 예배를 드립니다.
- 하나님! 하나님의 말씀을 신뢰하면서 기쁘게 순종하는 영을 허락하여 주옵소서. 그리하여 하나님의 축복을 전달하는 통로가 되게 하옵소서.

19

다툼을 해결하기 위해 양보하는 아브람

(창세기 13 : 8-9)

"아브람이 롯에게 이르되 우리는 한 친족이라 나나 너나 내 목자나 네 목자나 서로 다투게 하지 말자 네 앞에 온 땅이 있지 아니하냐 나를 떠나가라 네가 좌하면 나는 우하고 네가 우하면 나는 좌하리라"

가나안 땅에 가뭄이 들어 아브람은 이집트로 내려가 살다가 아내와 롯과 함께 모든 재산을 가지고 이집트를 떠나 네게브 지방으로 갔습니다. 가축과 은과 금이 많은 아브람은 네게브를 떠나 전에 장막을 세워 제단을 쌓아 예배드렸던 벧엘로 다시 갔습니다.

아브람과 함께 다니던 롯에게도 양과 소와 장막이 많아서 두 사람이 함께 살기에는 그 땅이 너무 좁았습니다. 그래서 아브람의 목자들과 롯의 목자들 사이에 다툼이 일어나기 시작했습니다. 그때, 그 땅에는 가나안 사람들과 브리스 사람들이 살고 있었습니다.

아브람이 롯에게 말했습니다. "너와 나 사이에 다툼이 있어서야 되겠느냐? 네 목자들과 내 목자들 사이에서도 다투는 일이 있어서는 안 된다. 우리는 친척이 아니냐? 모든 땅이 네 앞에 있으니, 우리 서로 떨어져 살자. 네가 왼쪽으로 가면 나는 오른쪽으로 가고, 네가 오른쪽으로 가면 나는 왼쪽으로 가겠다."

롯이 땅을 둘러보니, 요단 골짜기가 보였습니다. 롯이 보기에 소알 쪽으로 있는 그곳은 물이 많았습니다. 그곳은 여호와의 동산 같기도 하고 이집트 땅 같기도 했습니다. 그때는 여호와께서 소돔과 고모라를 멸망시키시기 전이었습니다.

그래서 롯은 요단 평원에서 살기로 하고 동쪽으로 옮겨 갔으며, 아브람은 가나안 땅에서 살았습니다. 그러나 롯은 요단 평원의 성들 가운데 살다가 소돔에서 가까운 곳으로 옮겨 갔습니다. 이렇게 해서 아브람과 롯은 서로 떨어져서 살게 되었습니다.

묵상과 기도

- 아브람과 롯의 이야기를 통하여 부모의 유산 분배 시 나는 어떤 행동을 할 것인지 상상해 보십시오.
- 이집트에서 얻은 재물로 큰 부자가 된 아브람과 롯은 그들의 가축 떼를 함께 치기가 힘들어 양쪽 목자들 사이에 다툼이 있었습니다. 그래서 연장자인 아브람은 방목영역과 관련하여 조카인 롯에게 방목지를 우선적으로 선택하도록 하였습니다. 롯은 물이 많고 하나님의 동산과 같은 소알 쪽을 선택하였으므로 아브람은 가나안 땅에서 살았습니다.
- 하나님! 우리 눈에 좋은 것이 모두 다 좋은 것이 아니라는 것을 알게 하옵소서. 모든 일에 남을 먼저 배려하는 사람이 되게 하옵소서.

20

조카 롯을 구한 아브람

(창세기 14 : 14, 16)

“아브람이 그의 조카가 사로잡혔음을 듣고 집에서 길리고 훈련된 자 삼백십팔 명을 거느리고 단까지 쫓아가서” “모든 빼앗겼던 재물과 자기의 조카 롯과 그의 재물과 또 부녀와 친척을 다 찾아왔더라”

롯이 요단 평원 성에서 살다가 매우 악한 사람들이 사는 소돔으로 옮겨 갔습니다.

그때에 시날 왕 아므라벨, 엘라살 왕 아리옥, 엘람 왕 그돌라오멜, 그리고 고임 왕 디달, 이 네 나라의 왕이 연합하여 소돔 왕 베라와 고모라 왕 비르사와 아드마 왕 시납과 스보임 왕 세메벨과 벨라, 곧 소알 왕과 싯딤 골짜기에서 전쟁을 했습니다.

12년 동안 엘람 왕 그돌라오멜을 섬기던 왕들이 13년째 되는 해에 반란을 일으켰기 때문에 그돌라오멜이 다른 왕들과 힘을 합하여 아스드롯 가르나임에서 르바 사람들을 물리치고, 함에서 수스 사람들을 물리쳤으며, 사웨 기랴다임에서 엠 사람들을 물리쳤습니다. 또 세일 산에서 호리 사람들을 쳐서 광야에서 가까운 엘바란까지 이르렀습니다. 그 후에 그들은 방향을 돌려 가데스로 가서 아말렉 사람들을 다 물리치고, 하사손다말에 사는 아모리 사람들도 물리쳤습니다.

싯딤 골짜기에는 역청 구덩이가 많이 있었는데 소돔 왕과 고모라의 왕이 도망치다가 이 역청 구덩이에 빠지고 나머지 사람들은 산으로 도망쳤습니다. 전쟁에서 승리한 그돌라오멜과 그의 군대는 소돔과 고모라 사람들의 모든 재산과 음식을 빼앗아 갔습니다. 그때에 소돔에 살고 있던 아브람의 조카 롯이 사로잡혔고, 그의 모든 재물도 빼앗겼습니다.

이 소식을 전해 들은 아브람은 집에서 훈련시킨 318명을 거느리고 단까지 쫓아가서 밤에 그들을 공격했습니다. 아브람은 그들이 빼앗아 간 모든 재물과 자기의 조카 롯과 그의 재물과 또 여자들과 친척을 다 찾아왔습니다.

묵상과 기도

- 이웃 나라들의 전쟁과 갈등, 기아현상을 볼 때, 하나님 앞에서 나의 태도 및 행동이 어떠한지요? 깊이 살펴보십시오.
- 바벨론과 같은 대제국 및 동맹국들 사이에 전쟁이 있었는데, 이 싸움으로 인하여 소돔에 사는 조카 롯이 재물과 함께 사로잡혀 갔습니다. 이를 전해 들은 아브람이 318명을 거느리고 그들과 싸워 조카와 모든 재물을 다 찾아왔습니다. 이것은 세계사를 안내해 줄 뿐만 아니라 아브람을 이런 세계 정치적 사건 속에 개입하도록 했습니다.
- 역사를 주관하시는 하나님! 이 땅의 전쟁, 갈등, 기아 속에서 헤매는 사람들을 실질적으로 도울 수 있는 마음과 용기를 주옵소서.

21

하나님의 제사장 멜기세덱

(창세기 14 : 19)

"그가 아브람에게 축복하여 이르되 천지의 주재이시요 지극히 높으신 하나님이여 아브람에게 복을 주옵소서"

아브람이 엘람 왕 그돌라오멜과 그와 함께하였던 다른 왕들을 물리친 뒤에 집으로 돌아왔습니다. 아브람이 돌아올 때에 소돔 왕이 아브람을 맞으러 사해 골짜기로 나왔습니다. 그곳은 왕의 골짜기라고도 불렸습니다.

살렘 왕 멜기세덱도 아브람을 맞으러 나왔습니다. 멜기세덱은 가장 높으신 하나님의 제사장이었습니다. 멜기세덱은 빵과 포도주를 가지고 나왔습니다.

멜기세덱이 아브람에게 복을 빌어 주며 말했습니다. "가장 높으신 하나님, 하늘과 땅을 지으신 하나님께서 아브람에게 복을 주시기를……. 당신의 원수를 그대 손에 넘겨주신 가장 높으신 하나님을 찬양합니다." 아브람은 멜기세덱에게 가지고 있던 모든 것 중에서 십분의 일을 주었습니다.

묵상과 기도

- 사로잡혀간 롯과 재물들을 다시 찾아온 아브람의 승리와 귀환 속에서 섭리하신 하나님을 묵상해 보십시오.
- 하나님의 제사장인 살렘 왕 멜기세덱이 아브람을 맞으러 나와서 귀환하는 승리자들에게 식사를 대접하고 아브람에게 자기 신의 축복을 빌어 줍니다. 그는 직감적으로 지극히 높으신 신 하나님이 아브람을 승리로 이끄신 분임을 간주합니다. 아브람은 그의 축복에 고개를 숙이고 소유권과 주권의 인정을 의미하는 십분의 일을 그에게 바칩니다.
- 전쟁과 어려운 환경 속에서도 함께하여 주셔서 승리케 하시고 보호하시는 하나님! 감사합니다. 우리를 축복하셔서 승리의 삶으로 늘 인도하시는 하나님께 십분의 일을 감사함으로 드리게 하옵소서.

22

이스마엘을 지켜 주신 하나님

(창세기 21 : 19)

"하나님이 하갈의 눈을 밝히셨으므로 샘물을 보고 가서 가죽부대에 물을 채워다가 그 아이에게 마시게 하였더라"

어느 날 사라는 이집트인 여종 하갈의 아들, 이스마엘이 자신의 아들 이삭을 놀리는 것을 보았습니다.

사라가 아브라함에게 "저 여종과 그 아들을 쫓아내십시오. 이 여종의 아들이 우리 아들 이삭과 함께 재산을 물려받을 수 없습니다."라고 말했습니다.

아브라함은 이스마엘도 자기 아들이기 때문에 매우 괴로웠습니다. 하지만 하나님께서는 아브라함에게 "염려하지 말고 사라의 말을 들어주어라. 내가 너에게 약속한 자손은 이삭에게서 나올 것이다. 그러나 여종에게서 낳은 아들도 네 아들이므로 내가 그의 자손도 큰 나라가 되게 할 것이다."라고 말씀하셨습니다.

아브라함은 이튿날 아침 일찍 일어나 먹을 것과 물을 가득 채운 가죽 부대를 준비해서 하갈의 어깨에 메어 준 다음, 이스마엘과 함께 쫓아냈습니다.

하갈은 브엘세바 광야에서 헤매고 다니다가 가죽 부대의 물이 다 떨어지자, 아들을 나무 아래에 두고 "내 아들이 죽는 모습을 차마 볼 수가 없구나."라고 말하며, 마주 앉아 소리 내어 울었습니다. 그때에 하늘에서 하나님의 천사가 "하갈아, 두려워하지 마라. 하나님께서 아이가 우는 소리를 들으셨다. 아이를 일으켜 세워 손을 꼭 잡아라. 하나님께서 그 아이의 자손으로 큰 나라를 이루도록 하실 것이다."라고 말했습니다.

하나님께서 하갈의 눈을 밝게 하심으로 하갈이 우물을 발견하고 가죽 부대에 물을 담아 아이에게 먹였습니다. 그 아이가 자라는 동안 하나님께서 그 아이와 함께 계셨습니다. 이스마엘은 광야에서 살았고 활 쏘는 자가 되었습니다.

묵상과 기도

- 아브라함과 그의 아들 이삭 혹은 이스마엘과의 관계를 통하여 나 자신의 모습을 상상해 보십시오.
- 하나님께서 아브라함에게 약속한 아들은 이삭임에 틀림없습니다. 그러나 이스마엘도 아브라함의 자식이므로 하나님은 비록 이스마엘을 그 아버지 집으로부터 떠나도록 허락하지만, 끝까지 그를 보살피고 그의 자손으로 큰 나라를 이루게 하십니다.
- 나의 모습 있는 그대로를 품어 주시는 사랑의 하나님! 감사합니다. 나 있는 그대로를 사랑하게 하옵소서.

23

하나님을 대접한 아브라함

(창세기 18 : 3-5)

"내 주여 내가 주께 은혜를 입었사오면 원하건대 종을 떠나 지나가지 마시옵고 물을 조금 가져오게 하사 당신들의 발을 씻으시고 나무 아래에서 쉬소서 내가 떡을 조금 가져오리니 당신들의 마음을 상쾌하게 하신 후에 지나가소서 당신들이 종에게 오셨음이니이다"

창세기 18 : 1~15

하나님께서 마므레의 상수리나무들이 있는 곳에서 아브라함에게 나타나셨습니다. 그때는 가장 더운 한낮이었고, 아브라함은 자기 장막 문에 앉아 있었습니다.

아브라함이 서 있는 세 사람을 보고, 달려 나가 땅에 엎드려 맞이했습니다. "내 주여, 저를 좋게 여기신다면 주의 종 곁을 그냥 지나가지 마십시오. 제가 여러분의 발 씻을 물을 가지고 올 테니, 발을 씻으신 뒤에 나무 아래에서 좀 쉬십시오. 제가 음식을 조금 가져올 테니 드신 후에 지나가십시오." 그들이 "좋다. 너의 말대로 하겠다."라고 말했습니다. 아브라함은 급히 장막으로 달려가 사라에게 "빨리 밀가루를 반죽해서 빵을 만드시오."라고 말했습니다. 아브라함은 짐승들이 있는 곳으로 달려가 좋은 송아지 한 마리를 끌어다가 종에게 주고, 종은 급히 그 송아지를 잡아서 요리를 했습니다.

아브라함은 그들에게 송아지 요리와 버터와 우유를 대접했습니다. 그들이 음식을 먹는 동안, 아브라함은 서서 그들의 시중을 들었습니다. 그들이 아브라함에게 "내년 이맘때 반드시 너를 다시 찾아올 것이다. 그때에는 네 아내 사라에게 아들이 생길 것이다."라고 말했습니다. 사라는 장막 문에서 그 말을 듣고 속으로 웃으면서 '내 남편과 나는 너무 늙었는데 어떻게 우리에게 그런 즐거운 일이 생길까?' 하고 생각했습니다. 그때에 여호와께서 아브라함에게 말씀하셨습니다. "사라가 왜 웃느냐? 어찌하여 '내가 늙었는데 어떻게 아이를 낳을 수 있을까?' 하느냐? 나 여호와가 하지 못할 일이 어디에 있느냐? 내년 이맘때 내가 다시 너를 찾아올 것이다. 그때에는 사라에게 아들이 생길 것이다." 사라는 두려워져서 거짓말을 했습니다. "저는 웃지 않았습니다." 그러자 주께서 말씀하셨습니다. "아니다. 너는 웃었다."

묵상과 기도

- 아브라함과 사라처럼 하나님의 약속이 지연되어 거의 소망이 없는 상황에 있을 때, 하나님을 향한 나 자신의 행동을 상상해 보십시오.
- 성취 불가능할 정도로 약속이 지연되었고 이미 하갈을 통해 이스마엘을 아들로 둔 아브라함의 노년에, 인간적인 판단으로는 모든 희망이 사라졌을 이때 하나님이 그에게 나타나셔서 그 아내 사라에게 아들이 생길 것이라는 약속을 다시 하십니다. 이 말을 들은 아브라함은 침묵하였으나 사라는 먼발치에서 웃습니다.
- 하나님의 약속을 오랫동안 기다리지 못하는 우리의 불신앙에도 불구하고 늘 우리를 먼저 찾아 주시는 하나님! 감사합니다. 하나님은 신실하시기 때문에 하나님의 약속을 지키십니다. 저의 믿음 없는 것을 불쌍히 여기시옵소서.

24

소돔과 고모라 성의 멸망

(창세기 19 : 24－25)

“여호와께서 하늘 곧 여호와께로부터 유황과 불을 소돔과 고모라에 비같이 내리사 그 성들과 온 들과 성에 거주하는 모든 백성과 땅에 난 것을 다 엎어 멸하셨더라”

소돔과 고모라에 사는 사람들이 악한 일을 많이 행하고도 회개할 줄을 몰랐습니다.

하나님께서는 천사들을 보내어 소돔과 고모라 사람들이 정말로 그토록 악한지를 살펴보게 했습니다.

두 천사가 소돔 성에 이르렀을 때에 아브라함의 조카인 롯이 그들을 보고 간청하여 자기 집으로 모셨습니다.

그런데 그 밤에 소돔 사람들이 두 천사에게 악한 행동을 하려고 롯을 밀치고 롯의 집 문을 부수려고 했습니다.

그때에 천사가 롯을 끌어당겨 집 안으로 들어오게 한 후에 소돔 사람들의 눈을 어둡게 만들어서 문을 찾지 못하게 했습니다.

다음 날, 소돔과 고모라 성에 아침 해가 떠올랐습니다.

하나님은 소돔과 고모라 성에 유황과 불을 쏟아 부었습니다.

마치 큰 비가 하늘에서 내려오듯이 유황과 불이 내려와 두 성 안에 사는 모든 사람과 땅에 자라는 모든 것들을 멸망시켰습니다.

묵상과 기도

- 소돔과 고모라 성처럼 오늘날 우리가 사는 사회의 죄의 양상을 생각해 보십시오. 그리고 이러한 죄의 양상의 원인과 그 안에 사는 나 자신의 삶의 죄성을 살피면서 이로 인해 고통받는 이웃과 황폐해 가는 자연의 소리에 귀 기울여 보십시오.
- 소돔과 고모라에 사는 사람들은 예를 들면 거만, 간음, 뉘우치지 않음, 성적 타락 등으로 무법 상태의 삶을 살았습니다. 이에 대한 하나님의 심판으로 유황과 불이 내려와 두 성 안에 사는 모든 사람과 땅에 자라는 모든 것들까지 멸망되었습니다.
- 죄인을 사랑하시는 하나님! 죄로 만연된 사회 속에 살면서 마비된 나의 삶을 불쌍히 여겨 주옵소서. 죄와 더불어 먹고 마시는 삶으로부터 우리를 건져 주옵소서. 죄로 인해 고통받는 이웃과 자연을 치유하는 사람 되게 하옵소서.

25

소금 기둥이 된 롯의 아내

(창세기 19 : 26)

"롯의 아내는 뒤를 돌아보았으므로 소금 기둥이 되었더라"

아침 해가 뜰 때에 천사가 롯을 재촉하였습니다.

"서둘러 아내와 두 딸을 데리고 나가시오. 죄악으로 인해 이 성에 심판이 임할 때에 당신들이 죽는 것을 막기 위해서요."

롯이 머뭇거리고 있자, 천사들이 롯과 그의 아내와 두 딸의 손을 잡아끌고 성 밖으로 데리고 나갔습니다.

"살려면 이곳을 피해야 하오. 골짜기 어디에서든 뒤를 돌아보거나 멈추지 말고 산으로 도망가시오. 그렇게 하지 않으면 당신들도 죽을 것이오."

롯이 "내 주여, 제발 그렇게 하지 않도록 해 주십시오. 주께서 주의 종인 저에게 자비를 베푸셔서 제 목숨을 구해 주셨습니다. 하지만 저는 저 산까지 달려갈 수 없습니다. 산에 이르기도 전에 재앙이 닥쳐서 저도 죽을까 두렵습니다. 저기 보이는 작은 성으로 도망가서 살 수 있게 해 주십시오." 하고 천사들에게 부탁했습니다. 천사들은 롯의 부탁을 들어주었습니다.

하나님께서 소돔과 고모라 성을 멸망시킬 때에 롯의 아내가 그만 뒤를 돌아보았습니다. 천사의 명을 어기고 뒤를 돌아본 롯의 아내는 소금 기둥이 되어 버렸습니다.

묵상과 기도

- 죄악을 심판하는 하나님과 죄악으로부터 구원하시는 하나님을 깊이 묵상해 보십시오.
- 여기서는 소돔과 고모라의 죄악을 심판하는 행위보다 롯과 그의 가족을 구원하시는 하나님의 구원사역이 훨씬 더 강조되어 있습니다. 한 인간을 심판으로부터 구원하는 일은 하나님께만 속해 있습니다. 먼 산이 아닌 눈에 보이는 작은 성을 도피처로 요구하는 롯의 요청을 하나님은 들어주십니다. 그러나 천사의 명을 어긴 롯의 아내는 구원의 대상에서 제외되었습니다.
- 죄악으로부터 건져 주시는 하나님께 감사와 찬양을 드립니다. 어떠한 유혹 속에서도 우리를 건지시는 구원의 하나님께 순종하는 사람으로 살게 하소서.

26

아브라함의 아들 이삭의 출생

(창세기 21 : 2-3)

"사라가 임신하고 하나님이 말씀하신 시기가 되어 노년의 아브라함에게 아들을 낳으니 아브라함이 그에게 태어난 아들 곧 사라가 자기에게 낳은 아들을 이름하여 이삭이라 하였고"

하나님께서는 말씀하신 대로 사라를 보살펴 주셨고, 약속하신 대로 사라에게 이루어 주셨습니다.

사라가 임신하여 하나님께서 말씀하신 그 예정된 때에 나이 많은 아브라함의 아들을 낳았습니다.

아브라함은 사라가 낳은 아들의 이름을 이삭이라고 지었습니다.

아브라함은 하나님께서 명령하신 대로 이삭이 태어난 지 8일 만에 이삭에게 할례를 행하였습니다.

이삭이 태어났을 때, 아브라함의 나이는 100살이었습니다.

사라는 "하나님께서 나를 웃게 하셨다. 이 이야기를 들은 사람들도 나처럼 웃게 될 것이다. 어느 누가 사라가 자식들을 젖 먹이겠다고 아브라함에게 말할 수 있었겠는가? 그런데 나는 아브라함의 노년에 아들을 낳았다."고 말했습니다.

묵상과 기도

- 나의 생각으로 전혀 예측할 수 없는 사건 때문에 하나님 앞에서 웃어 본 경험이 있습니까? 있다면, 그 사건을 향한 하나님의 뜻을 묵상해 보십시오.
- 사라는 이삭을 낳은 후에 임신하지 못하는 자기에게 약속대로 아들을 주신 하나님께 기쁜 웃음으로 감사하는 마음을 표현했습니다. 그러나 자신의 득남 소식을 들은 이웃들에게는 웃음거리와 소문거리가 될 것이라고 표현하고 있습니다. 여기서 우리가 알 수 있는 것은 하나님께서 하시는 일은 인간의 생각으로는 전혀 파악할 수 없다는 사실입니다.
- 나 자신만으로는 불가능한 모든 일을 가능케 하신 하나님! 감사합니다. 능하신 하나님의 이름을 높이는 사람으로 일생을 살게 하옵소서.

27

여호와 이레

(창세기 22 : 12)

"사자가 이르시되 그 아이에게 네 손을 대지 말라 그에게 아무 일도 하지 말라 네가 네 아들 네 독자까지도 내게 아끼지 아니하였으니 내가 이제야 네가 하나님을 경외하는 줄을 아노라"

하나님께서 아브라함의 믿음을 시험하고자 말씀하십니다. "너는 사랑하는 아들, 이삭을 데리고 모리아 땅으로 가거라. 내가 너에게 일러 주는 산에서 네 아들을 번제물로 바쳐라."

아브라함은 아침 일찍 일어나 나귀에 안장을 얹고 번제에 쓸 장작을 준비한 다음, 이삭과 두 종을 데리고 하나님이 일러 주신 곳으로 갔습니다. 3일째 되는 날, 아브라함이 종들에게 말합니다. "나귀와 함께 이곳에 머물러 있어라. 내 아들과 나는 가서 예배를 드리고 돌아오겠다." 아브라함은 번제에 쓸 장작을 이삭에게 지게 하고, 불과 칼을 챙긴 후에 아들과 함께 걸어갔습니다. 이삭이 "아버지! 불과 장작은 있는데, 번제로 바칠 양은 어디에 있습니까?" 하고 아브라함에게 묻자, 아브라함은 "얘야, 하나님께서 번제로 바칠 양을 준비하실 것이다."라고 대답했습니다.

아브라함은 하나님이 말씀하신 곳에 제단을 쌓고 장작을 벌여 놓은 다음, 이삭을 묶어 장작 위에 올려놓고 칼을 들어 자기 아들을 죽이려 했습니다. 그때 여호와의 천사가 하늘에서부터 그를 불렀습니다. "아브라함아, 아브라함아! 네 아들에게 손대지 마라. 네가 하나밖에 없는 아들을 아낌없이 바치려 하는 것을 내가 보았으니, 네가 하나님을 경외하는 줄을 이제 알았노라." 아브라함이 눈을 들어 뿔이 나무에 걸려 있는 숫양 한 마리를 보고 그 양을 잡아 자기 아들 대신에 하나님께 번제물로 드렸습니다.

이 일로 아브라함은 그곳의 이름을 '여호와 이레' 라고 불렀습니다. 여호와의 천사가 두 번째로 하늘에서 아브라함에게 말했습니다. "여호와께서 말씀하셨다. '네가 하나밖에 없는 아들을 아끼지 않고 나에게 바치려 했으므로, 너에게 약속하겠다. 내가 너에게 복을 주고, 네 자손은 번성하여 하늘의 별처럼, 바닷가의 모래처럼 많게 될 것이며, 네 자손이 원수의 성들을 정복하게 될 것이다. 네가 나의 말을 듣고 순종하였으므로, 네 자손을 통해 땅 위의 모든 사람들이 복을 받을 것이다.'"

묵상과 기도

- 하나님께서 나의 생명처럼 소중히 여기는 것을 요구하실 때, 가능한 나의 응답들을 묵상해 보십시오.
- 신앙과 충실성을 알아보기 위해 이삭을 번제물로 바치라는 하나님의 명령에 순종한 아브라함에게 하나님께서 친히 여호와의 산에 준비된 양으로 제물을 삼으셨습니다. 이 순종으로 인하여 하나님께서 아브라함과 그 자손을 통해 땅 위의 모든 사람에게 복을 허락하십니다.
- 나의 모든 것이 하나님께로부터 온 것임을 믿습니다. 나의 생명까지도 하나님께 속해 있으니, 생명처럼 아끼는 모든 것을 유감없이 하나님께 드릴 수 있는 사람이 되게 하소서.

28

이삭의 아내 될 여자를 찾아서

(창세기 24 : 12)

"그가 이르되 우리 주인 아브라함의 하나님 여호와여 원하건대 오늘 나에게 순조롭게 만나게 하사 내 주인 아브라함에게 은혜를 베푸시옵소서"

하나님께서는 아브라함에게 복을 주셨고, 아브라함은 나이 값은 노인이 되었습니다. 아브라함이 그의 재산을 돌보는 종에게 그의 아들, 이삭의 아내가 될 여자를 그의 고향으로 가서 데려오라고 했습니다. 아브라함은 그의 종에게 "주께서 천사를 네 앞에 보내셔서 내 아들의 아내를 데려오는 일을 도와주실 것이다."라고 말했습니다. 그러자 그 종은 아브라함의 낙타 10마리와 좋은 선물을 많이 가지고 메소보다미아에 있는 나홀의 성으로 갔습니다.

아브라함의 종은 여자들이 물을 길러 오는 저녁 무렵, 성 밖의 우물가에서 낙타들을 쉬게 하며 하나님께 기도합니다. "여호와여, 제 주인의 아들의 아내 될 사람을 순탄하게 만나게 해 주옵소서. 물을 길러 나온 여자 중 하나에게 '그 물동이에 있는 물을 좀 먹게 해 주십시오.' 하고 말할 때, 만약 그 여자가 '마시세요. 내가 당신의 낙타들에게도 물을 먹이겠습니다.' 라고 말하면, 그 여자를 주의 종 이삭의 신붓감으로 알겠습니다." 종이 기도를 마치기도 전에 브두엘의 딸 리브가가 어깨에 물동이를 메고 나왔습니다.

그때에 종이 리브가에게 달려가서 말합니다. "당신의 물동이에 있는 물을 좀 먹게 해 주십시오." 그러자 리브가는 종에게 물을 마시게 하고, 그의 낙타들에게도 물을 길어 마시게 했습니다. 아브라함의 종은 리브가에게 코걸이와 금팔찌 한 쌍을 주면서 아버지가 누구신지, 그 집에 하룻밤 묵어갈 방이 있는지를 물어보았습니다.

리브가는 "제 아버지는 밀가와 나홀의 아들 브두엘입니다. 그리고 우리 집에는 낙타에게 먹일 여물도 있고, 묵어가실 수 있는 방도 있습니다."라고 대답했습니다.

아브라함의 종은 머리를 숙여 여호와께 예배드렸습니다. "저 주인 아브라함의 하나님이신 여호와를 찬양합니다. 여호와께서는 제 주인에게 은혜와 자비를 베풀어 주셔서, 저를 제 주인의 동생 집으로 인도하셨습니다."

묵상과 기도

- 배우자 혹은 중요한 일을 선택할 때, 하나님을 전폭적으로 신뢰하며 기도로 준비했는지 묵상해 보십시오.
- 하나님의 뜻을 알기 위해서 아브라함의 종이 이삭의 아내가 될 리브가와의 만남의 징표를 하나님께 기도합니다. 기도한 그대로 순조롭게 리브가를 만나게 하셔서 기도에 응답해 주신 하나님께 찬양을 돌립니다.
- 우리의 모든 삶에 하나님의 인도하심을 기도로 준비할 수 있도록 도와주옵소서.

29

이삭의 쌍둥이 아들

(창세기 25 : 25－26)

“먼저 나온 자는 붉고 전신이 털옷 같아서 이름을 에서라 하였고 후에 나온 아우는 손으로 에서의 발꿈치를 잡았으므로 그 이름을 야곱이라 하였으며 리브가가 그들을 낳을 때에 이삭이 육십 세였더라”

이삭은 40세에 리브가와 결혼했습니다.
리브가는 브두엘의 딸이자 아람 사람 라반의 누이입니다.

이삭의 아내는 아이를 낳지 못했습니다.
이삭이 아내를 위해 하나님께 간절하게 기도드렸습니다.
하나님께서 이삭의 기도를 들어주심으로, 리브가가 임신을 하게 되었습니다.
그런데 리브가의 배 속에 있는 아기들이 서로 다투었습니다. 리브가는 '어찌하여 내게 이런 일이 일어나는가?' 라고 생각하며 여호와께 나아가 여쭈었습니다.
여호와께서 리브가에게 "두 나라가 네 몸 안에 있다. 두 백성이 네 몸에서 나누어질 것이다. 한 백성이 다른 백성보다 강하고, 형이 동생을 섬길 것이다."라고 말씀하셨습니다.
해산할 때가 되어 리브가는 쌍둥이를 낳았습니다.
먼저 나온 아이는 몸이 붉고, 그 피부가 마치 털옷 같아서 이름을 에서라고 지었고, 나중에 나온 아이는 에서의 발꿈치를 붙잡았으므로 그 이름을 야곱이라고 지었습니다.
리브가가 아이를 낳았을 때에 이삭의 나이는 60세였습니다.

묵상과 기도

- 형이 동생을 섬기도록 하신 하나님의 섭리를 묵상해 보십시오.
- 이삭이 20년 동안 기도하여 쌍둥이 아들을 얻었는데, 이들은 리브가의 태중에서 서로 다투었습니다. 리브가가 하나님께 쌍둥이 태아들의 이러한 다툼에 대하여 여쭤 보았더니 하나님께서는 "두 나라가 네 몸 안에 있다."고 말씀하셨습니다. 또한 쌍둥이 중 에서가 형이고 야곱이 동생인데 형이 동생을 섬길 것이라고 말씀하셨습니다.
- 내가 누구를 섬기든지 간에 이 모든 것이 하나님의 섭리임을 깨닫게 하옵소서.

30

맏아들의 권리를 팔다

(창세기 25 : 33－34)

"야곱이 이르되 오늘 내게 맹세하라 에서가 맹세하고 장자의 명분을 야곱에게 판지라 야곱이 떡과 팥죽을 에서에게 주매 에서가 먹으며 마시고 일어나 갔으니 에서가 장자의 명분을 가볍게 여김이었더라"

이삭과 리브가의 아들들이 자라서 맏아들 에서는 뛰어난 사냥꾼이 되었고, 들판에 나가는 것을 좋아했습니다. 그러나 둘째 야곱은 조용한 사람으로 장막에 있는 것을 좋아했습니다.

아버지 이삭은 에서가 잡아오는 들짐승 요리를 좋아했기 때문에 에서를 사랑했습니다. 그러나 어머니 리브가는 야곱을 사랑했습니다.

어느 날 야곱이 죽을 끓이고 있는데 에서가 들판에서 사냥을 하고 돌아왔습니다. 몹시 배가 고팠던 에서는 야곱에게 "내가 배가 고프니 그 붉은 죽을 좀 다오." 라고 말했습니다. 이것 때문에 에서는 '붉은'이란 뜻에서 에돔이라고 불리게 되었습니다. 그러자 야곱은 형 에서에게 "먼저 나에게 맏아들의 권리를 파세요."라고 말했습니다. 에서는 "배가 고파 죽겠는데 그까짓 맏아들의 권리가 무슨 소용이냐?"라고 말했습니다.

야곱이 다시 말합니다.

"그렇다면 그 권리를 나에게 주겠다고 약속하세요."

에서는 야곱에게 약속하고 맏아들의 권리를 동생에게 팔았습니다.

그런 후에야 야곱은 에서에게 빵과 죽을 주었고, 에서는 그것을 먹고 마신 후에 일어나 갔습니다.

이처럼 에서는 맏아들의 권리를 가볍게 여겼습니다.

묵상과 기도

- "형이 동생을 섬길 것이다."라는 하나님의 약속이 장자권 사건으로 이어지는데, 이러한 하나님의 구원의 섭리를 묵상해 보십시오.
- 야곱이 에서의 장자권을 맹세에 의해서 확인한 이유는 맹세 없는 협정은 무효가 될 수 있기 때문입니다. 맹세는 맹세하는 당사자에게 어떤 경우든 절대적 구속력을 갖습니다. 장자권의 사건은 선조 아브라함, 이삭과의 약속과 관련되는데, 이것은 야곱을 통하여 하나님께서 약속한 구원의 일면이라고 볼 수 있습니다.
- 하나님의 약속은 어떤 상황 속에서도 신실하게 이루어지고 있음을 늘 기억하게 하옵소서.

31

이삭의 축복을 받은 야곱

(창세기 27 : 26－27)

“그의 아버지 이삭이 그에게 이르되 내 아들아 가까이 와서 내게 입맞추라 그가 가까이 가서 그에게 입맞추니 아버지가 그의 옷의 향취를 맡고 그에게 축복하여 이르되……”

이삭이 늙어 눈이 잘 보이지 않게 되었습니다.

어느 날 이삭은 큰 아들 에서를 불러 "내가 늙어 언제 죽을지 모르겠으니 너는 들판에 나가 사냥을 하여 내가 좋아하는 음식을 만들어 다오. 내가 그것을 먹고 죽기 전에 마음껏 너를 축복하겠다."고 말했습니다.

리브가는 에서가 사냥을 나간 사이에 야곱을 불러 이삭이 에서에게 한 말을 전해 주며, "너는 아주 좋은 새끼 염소 두 마리를 잡아 오너라. 내가 그것으로 네 아버지가 좋아하는 요리를 하면 그 음식을 가져다가 아버지께 드려라. 그러면 아버지가 너에게 복을 빌어 주실 것이다."라고 말했습니다.

리브가는 야곱이 잡아 온 염소 두 마리를 가지고 이삭이 좋아하는 요리를 만들었습니다. 리브가는 큰 아들 에서의 가장 좋은 옷을 야곱에게 입히고, 새끼 염소의 가죽으로 야곱의 손과 목을 두른 후에 맛있는 요리와 빵을 들고 아버지 이삭에게 들어가게 했습니다.

야곱이 이삭에게 "저는 아버지의 맏아들, 에서입니다. 아버지께서 말씀하신 대로 맛있는 음식을 해 왔습니다. 이제 일어나셔서 음식을 드시고 저에게 복을 빌어 주십시오."라고 말했습니다.

이삭이 아들에게 "어떻게 그렇게 빨리 사냥거리를 찾을 수 있었느냐?"고 묻자, 야곱은 "아버지의 하나님이신 여호와께서 사냥거리를 빨리 찾을 수 있게 도와주셨습니다."라고 대답했습니다.

이삭은 야곱을 가까이 오게 하여 만져 보고 "네 목소리는 야곱의 목소리 같은데 손은 에서의 손처럼 털이 많구나."라고 말하며 다시 물었습니다. "네가 정말 내 아들 에서냐?" 그러자 야곱은 "예, 그렇습니다."라고 대답했습니다. 이삭은 야곱을 에서인 줄 알고 가져온 음식을 먹은 후 축복해 주었습니다.

"내 아들의 냄새는 여호와께서 복을 주신 들판의 냄새로다. 하나님께서 충분한 비와 좋은 땅을 주시고, 넉넉한 곡식과 포도주를 주실 것이다. 나라들이 너를 섬기고, 백성들은 너에게 절할 것이다. 너는 형제들을 다스리고, 네 어머니의 아들들이 너에게 절할 것이다. 너를 저주하는 사람은 저주를 받고, 너에게 복을 주는 사람은 복을 받을 것이다."

묵상과 기도

- 막무가내로 하나님의 사람으로부터 축복을 받으려는 야곱을 묵상해 보십시오.
- 죽음이 임박하여 눈이 어두운 이삭은 선조들이 한 것처럼 총애하는 아들 에서에게 가부장적 축복기도를 하려고 합니다. 이 축복의 효력은 하나님 편과 함께 인간 편에서도 축복 받는 자에게 축복을 주려는 특별한 의지와 능동적인 전달을 필요로 합니다. 이 능력은 축복하는 자의 신체적 상태와 무관하지 않으므로 이삭은 별미를 통해서 기력을 돋우려 합니다. 이를 알아챈 리브가가 신속히 계획을 짜서 야곱으로 하여금 음식을 준비하게 하고 축복기도를 받게 합니다.
- 죄성으로 인하여 다른 사람 몫의 축복까지 약탈하는 우리를 버리시지 않으시는 하나님! 감사합니다. 욕심으로 다른 사람의 마음을 상하게 하지 않도록 우리에게 지혜를 허락해 주옵소서.

32

벧엘에서 만난 하나님

(창세기 28 : 16-17)

"야곱이 잠이 깨어 이르되 여호와께서 과연 여기 계시거늘 내가 알지 못하였도다 이에 두려워하여 이르되 두렵도다 이곳이여 이것은 다름 아닌 하나님의 집이요 이는 하늘의 문이로다"

창세기 27 : 41, 28 : 10~19

에서는 아버지 이삭에게 축복받은 동생, 야곱을 미워하고 그를 죽이려고 했습니다. 이삭과 리브가는 야곱을 하란 땅에 있는 야곱의 외삼촌 라반에게로 피신하도록 했습니다.

야곱은 브엘세바를 떠나 하란으로 가던 중에 해가 저물게 되자, 돌 하나를 주워서 그것을 베개 삼아 잠을 잤습니다.

야곱은 꿈을 꾸었습니다. 사다리 하나가 땅에 세워져 있는데, 그 꼭대기는 하늘에 닿아 있었습니다. 하나님의 천사들이 그 사다리 위로 오르락내리락하고 있었습니다. 야곱은 하나님께서 사다리 위에 서 계신 모습을 보았습니다.

하나님께서 "나는 네 할아버지 아브라함의 하나님, 네 아버지 이삭의 하나님 여호와다. 네가 지금 누워 있는 땅을 너와 네 자손에게 줄 것이다. 네 자손은 땅의 티끌처럼 많아져서 동서남북 사방으로 퍼지며, 땅 위의 모든 민족들이 너와 네 자손을 통해 복을 받을 것이다. 나는 너와 함께하고 네가 어디로 가든지 너를 지켜 줄 것이다. 그리고 너를 다시 이 땅으로 데려오리니, 내가 너에게 약속한 것을 다 이루어 주기 전까지 너를 떠나지 않을 것이다."라고 말씀하셨습니다.

그때에 야곱이 잠에서 깨어나 "여호와께서 분명히 이곳에 계시는데 나는 그것을 모르고 있었다."고 말했습니다.

야곱은 두려워하며 "이곳은 하나님의 집이요, 하늘의 문이다."라고 말했습니다.

야곱은 아침 일찍 일어나 베개로 삼고 잤던 돌을 가져다가 기둥처럼 세우고 그 위에 기름을 부었습니다.

그 성의 이름은 본래 루스였으나, 야곱이 그 성의 이름을 벧엘이라고 불렀습니다.

묵상과 기도

- 형 에서를 피해 하란으로 떠나야만 했던 야곱의 마음을 상상해 보십시오. 그리고 야곱이 피신하던 첫날 밤 꿈에서 만난 하나님을 묵상해 보십시오.
- 하란으로 가는 도중 야곱은 사다리 위에 서 계신 공간적이고 물질적인 하나님을 경험합니다. 이때 하나님은 야곱에게 "네가 누워 있는 땅을 너와 네 자손에게 줄 것이고, 땅의 모든 민족들이 네 자손을 통하여 복을 받을 것이며, 다시 이 땅으로 너를 데리고 올 것이고, 이 일을 다 이루기까지 너와 함께하시겠다."고 약속하십니다.
- 나의 잘못으로 인해 피신하는 중에도 함께해 주시는 하나님! 감사합니다. 나의 잘못된 행위에도 불구하고 약속을 한결같이 지키시는 신실하신 하나님을 찬양합니다.

33

다시 만난 에서와 야곱

(창세기 33 : 10)

"야곱이 이르되 그렇지 아니하니이다 내가 형님의 눈앞에서 은혜를 입었사오면 청하건대 내 손에서 이 예물을 받으소서 내가 형님의 얼굴을 뵈온즉 하나님의 얼굴을 본 것 같사오며 형님도 나를 기뻐하심이니이다"

창세기 33장

야곱이 눈을 들어 보니 에서가 400명의 종을 거느리고 오고 있었습니다. 야곱은 여종들과 그 아이들을 앞에 세우고, 그 뒤에 레아와 그 아이들을 세우고, 맨 뒤에 라헬과 요셉을 세웠습니다.

야곱은 맨 앞에 서서 형이 있는 쪽으로 다가가면서 7번이나 땅에 엎드려 절했습니다. 그러자 에서가 달려와서 야곱을 끌어안고, 입을 맞추었습니다. 두 사람은 함께 소리 내어 울었습니다.

에서가 여자와 아이들을 보고 "너와 함께 있는 이 사람들은 누구냐?"고 묻자, 야곱은 "이 사람들은 하나님께서 형님의 종인 저에게 은혜로 주신 아이들입니다."라고 대답하였고, 두 여종과 그의 아이들, 레아와 그 아이들, 마지막으로 요셉과 라헬이 나아와 땅에 엎드려 절했습니다.

에서가 야곱에게 "오는 동안에 가축 떼를 여러 번 만났는데, 그것은 웬 가축 떼냐?"라고 묻자, 야곱은 "그것은 형님께 드리는 선물입니다."라고 대답했습니다.

에서가 거절하자 야곱이 "아닙니다, 형님. 저를 좋게 보신다면 제가 드리는 선물을 받아 주십시오. 형님 얼굴을 다시 뵙게 되어 너무나 기쁩니다. 형님이 저를 받아 주시니, 마치 하나님 얼굴을 뵙는 듯합니다. 하나님께서 저에게 큰 은혜를 베풀어 주셔서 저는 넉넉합니다."

야곱이 계속 권하자 에서는 선물을 받았습니다.

에서가 야곱에게 함께 가자고 권하자 야곱은 아이들도 약하고, 가축 떼와 그 새끼들도 하루 동안 너무 많이 걸으면 다 죽을 것 같으니 형님 먼저 가면 천천히 뒤따라가겠다고 말했습니다. 에서는 세일로 돌아갔지만 야곱은 숙곳으로 가서 머물 집과 짐승 우리를 지었습니다.

야곱은 밧단아람을 떠나 가나안 땅 세겜 성에 무사히 도착하여 성 동쪽에 장막을 쳤습니다.

야곱은 그곳에 제단을 쌓고 그 이름을 '엘엘로헤이스라엘'이라고 불렀습니다.

묵상과 기도

- 야곱은 어떻게 에서를 평강 가운데 맞을 수 있었나요? 그리고 그 결과는 어떻게 전개되고 있는지 묵상해 보십시오.
- 에서에게 "형님을 보니 마치 하나님 얼굴을 뵙는 듯이 기쁘다."고 야곱이 말하는데, 이는 얍복 강에서 하나님을 만남으로 야곱이 이스라엘로 변화되었기에 가능한 것입니다. 이때 이후 야곱은 지극히 공손하게 여러 차례 에서를 '자기의 주'라고 부르고 또한 자신을 '에서의 종'이라고 부르면서 은혜를 입었다고 말합니다. 또한 에서도 친근하게 야곱을 '내 형제'라고 부릅니다.
- 하나님! 내가 변화되니 주변의 사람 모두로부터 하나님의 얼굴을 뵙는 것 같습니다. 하나님의 형상으로 지음을 받은 주변의 모든 사람들을 형제자매로 사랑하게 하옵소서.

34

야곱의 씨름

(창세기 32 : 26)

"그가 이르되 날이 새려하니 나로 가게 하라 야곱이 이르되 당신이 내게 축복하지 아니하면 가게 하지 아니하겠나이다"

형 에서가 400명을 거느리고 야곱을 만나러 오고 있다는 소식을 들은 야곱은 너무나 두렵고 낙심이 되었습니다. 자신의 가족과 모든 재산을 얍복 강 건너편으로 보내고, 자신은 홀로 남아 있었습니다.

그날 밤, 어떤 사람이 와서 밤새도록 야곱과 씨름을 했습니다. 그 사람은 야곱을 이길 수 없다는 것을 알고, 야곱의 허벅지 뼈를 쳐서 그 뼈가 어긋나게 했습니다.

"날이 새려고 하니 나를 놓아 다오."

하지만 야곱은 "저에게 복을 주시기 않으면 보내 드릴 수 없습니다."라고 말했습니다. 그가 다시 야곱에게 "네 이름이 무엇이냐?"고 묻자, 야곱은 "야곱입니다."라고 대답했습니다.

그러자 그는 야곱에게 "네 이름은 이제부터 야곱이 아니라 이스라엘이다. 네가 하나님과 씨름했고, 사람과도 씨름을 해서 이겼기 때문이다."라고 말했습니다.

야곱이 "당신의 이름을 가르쳐 주십시오."라고 물었지만, 그는 "왜 내 이름을 묻느냐?" 하며 그곳에서 야곱에게 복을 주었습니다. 그래서 야곱은 그곳을 '브니엘'이라고 불렀습니다.

야곱은 말합니다. "나는 하나님의 얼굴을 보고도 죽지 않고 살았다."

야곱이 그곳을 떠날 때에 해가 떠올랐습니다. 야곱은 허벅지 뼈가 어긋났기 때문에 다리를 절뚝거렸습니다.

묵상과 기도

- 자신의 분신이자 전부라 할 수 있는 온 가족과 전 재산을 과거의 야곱 방식으로 처리하는 과정을 묵상해 보십시오. 과거의 방식이 효력이 없는 것을 알자 하나님과 씨름하는 야곱을 묵상해 보십시오.
- 야곱은 에서와의 만남을 불길하게 예견하면서 질려 있었습니다. 이때 야곱이 전혀 예견하지 못했던 훨씬 더 위험한 만남이 있었습니다. 이 만남은 어떤 사람과의 씨름인데, 이는 하나님과의 씨름입니다. 이 씨름에서 그 어떤 사람이 야곱을 이길 수 없자 야곱은 그 사람을 보내 주는 대신 축복받길 원했습니다. 축복의 표는 바로 과거의 야곱이 없어지고 새로운 이름인 이스라엘로 바뀐 것이었습니다.
- 야곱을 변화시켜 이스라엘 되게 하신 사랑과 자비의 하나님! 감사합니다. 우리를 변화시켜 새 사람 되게 하시는 하나님의 능력을 찬양합니다.

35

요셉의 꿈

(창세기 37 : 7, 9)

"우리가 밭에서 곡식 단을 묶더니 내 단은 일어서고 당신들의 단은 내 단을 둘러서서 절하더이다" "요셉이 다시 꿈을 꾸고 그의 형들에게 말하여 이르되 내가 또 꿈을 꾼즉 해와 달과 열한 별이 내게 절하더이다 하니라"

야곱의 열한 번째 아들인 요셉이 어느 날, 꿈을 꾸었습니다. 요셉은 자신이 꾼 꿈을 형들에게 들려주었습니다. "내가 꾼 꿈 이야기를 들어 보세요. 우리가 들에서 곡식 단을 묶고 있는데 내 곡식 단이 일어서고, 형들의 곡식 단은 내 곡식 단을 둘러서서 절을 했어요."

요셉의 형들이 요셉에게 "네가 우리의 왕이라도 될 줄 아느냐? 네가 정말로 우리를 다스리게 될 줄 아느냐?"라고 말했습니다. 요셉의 형들은 요셉이 말한 꿈 이야기 때문에 그전보다도 더 요셉을 미워했습니다.

그 후에 요셉이 또 꿈을 꾸었습니다. 요셉은 그 꿈 이야기를 또 형들에게 들려주었습니다. "들어 보세요. 내가 또 꿈을 꾸었어요. 꿈속에서 해와 달과 열한 개의 별이 나에게 절을 했어요."

요셉은 그 꿈 이야기를 아버지에게도 들려주었습니다. 그러자 요셉의 아버지가 요셉을 꾸짖었습니다. "그게 도대체 무슨 꿈이냐? 너는 정말로 너의 어머니와 너의 형들과 내가 너에게 절을 할 것이라고 믿느냐?"

요셉의 형들은 요셉을 시기했으나 요셉의 아버지는 그 모든 것을 마음속에 새겨 두었습니다.

묵상과 기도

- 요셉의 꿈 이야기를 들은 형들과 아버지의 마음을 상상해 보십시오.
- 요셉은 자신이 꾼 두 번의 꿈을 앞으로 일어날 사건들과 상황들에 대한 하나님의 예언으로 이해하고 형들과 아버지 야곱에게 말합니다. 요셉은 이 꿈 때문에 아버지와 형들과 내적 감정이 충돌되며 꾸중도 듣습니다. 그러나 야곱은 요셉의 꿈을 마음에 새겨 두었습니다.
- 하나님이 주신 비전을 마음에 품게 하시는 하나님! 감사합니다. 묵묵히 비전을 이루어 가시는 하나님께 우리 자신을 온전히 맡기게 하옵소서.

36

종으로 팔려가는 요셉

(창세기 37 : 28)

"그때에 미디안 사람 상인들이 지나가고 있는지라 형들이 요셉을 구덩이에서 끌어올리고 은 이십에 그를 이스마엘 사람들에게 팔매 그 상인들이 요셉을 데리고 애굽으로 갔더라"

어느 날 요셉의 형들이 양 떼를 치기 위하여 세겜으로 갔습니다. 요셉의 아버지 이스라엘이 요셉에게 말했습니다. "가서 네 형들과 양 떼가 잘 있는지 보고 와서 나에게 알려다오."

요셉은 "예, 다녀오겠습니다."라고 대답하고 세겜에 가서 형들과 양 떼를 찾으려고 애썼으나 보이지 않았습니다. 그때에 한 사람이 요셉에게 "네 형들은 이미 다른 데로 갔다. 그들이 '도단으로 가자.'라고 말하는 것을 들었다."고 말해 주었습니다. 요셉은 형들을 뒤쫓아 도단으로 갔습니다.

요셉이 오는 것을 본 형들은 요셉을 죽이기로 계획을 합니다. "꿈꾸는 애가 온다. 저 애를 죽여서 웅덩이에 던져 넣자. 그리고 아버지께는 들짐승이 저 아이를 죽였다고 말하자. 그가 꾼 꿈이 어떻게 되는지 한번 두고 보자." 하지만 르우벤은 요셉을 구하고자 "요셉을 죽이지는 말자. 웅덩이에 저 아이를 던져 넣자."고 말했습니다. 요셉의 형들은 요셉이 가까이 오자 그의 옷을 벗기고 빈 웅덩이에 던져 넣었습니다. 그 후에 형들이 음식을 먹고 있는데 미디안 상인들이 오고 있는 것이 보였습니다.

유다가 형제들에게 "우리가 동생을 죽이고, 그 사실을 숨긴다고 해서 우리에게 무슨 유익이 있겠느냐? 차라리 요셉을 이스마엘 사람들에게 팔아 버리자. 그러면 동생을 죽이는 죄도 짓지 않게 된다. 저 애는 우리와 피와 살을 나눈 형제가 아니냐?"고 말하자 다른 형들이 그 말에 찬성을 하고, 요셉을 은 20세겔에 이스마엘 사람들에게 팔았습니다. 그 상인들은 요셉을 애굽으로 데리고 갔습니다.

묵상과 기도

- 아버지의 심부름 온 동생 요셉을 향한 형들의 다양한 태도들을 나 자신과 연결하여 묵상해 보십시오.
- 아버지 심부름으로 양 떼를 치는 형들을 찾아간 요셉을 보고 형들이 죽이고자 모의하는데, 이는 꿈을 꾸게 하신 하나님의 능력에 대한 항거이기도 합니다. 형제들 가운데 르우벤은 죽이지 말고 웅덩이에 넣자고 제안하고, 그 후 형제 유다가 이스마엘 상인들에게 팔자고 제안하여 결국 요셉은 상인들에 의하여 애굽으로 가게 됩니다.
- 내 형제나 친구, 동료들을 향한 하나님의 깊은 뜻을 알지 못하여 시기하고 질투하는 우리를 불쌍히 여겨 주옵소서.

37

왕의 신하들의 꿈을 풀어 주는 요셉

(창세기 40 : 8)

"그들이 그에게 이르되 우리가 꿈을 꾸었으나 이를 해석할 자가 없도다 요셉이 그들에게 이르되 해석은 하나님께 있지 아니하니이까 청하건대 내게 이르소서"

애굽 왕의 술을 맡았던 신하와 빵을 굽는 신하가 애굽 왕에게 미움을 받고 경호대장의 집에 있는 감옥에 갇히게 되었습니다. 그런데 바로 그곳에 요셉이 갇혀 있었으며, 경호대장은 요셉에게 두 죄수를 섬기게 했습니다.

어느 날 밤, 애굽 왕의 두 신하가 각각 서로 다른 꿈을 꾸었으나, 그 꿈을 풀어 주는 사람이 없어 근심하였습니다.

다음 날 아침에 요셉이 걱정하고 있는 신하들에게 "꿈의 뜻을 풀어 줄 분은 하나님밖에 없습니다. 저에게 그 꿈 이야기를 해 주십시오."라고 말했습니다.

술 맡았던 신하가 요셉에게 "꿈에 가지가 셋 있는 포도나무를 보았는데, 그 가지에서 싹이 나고 꽃이 피더니 포도가 열렸다네. 나는 바로의 잔을 들고 있다가 포도를 짜서 즙을 내어 바로에게 바쳤다네." 하고 꿈 이야기를 해 주었습니다.

요셉은 "그 꿈의 가지 셋은 3일을 뜻합니다. 앞으로 3일이 지나기 전에 바로가 당신을 풀어 줄 것입니다. 그리고 당신이 전에 하던 일을 다시 맡길 것입니다. 풀려나시게 되면 저를 기억해 주시고 은혜를 베풀어 주십시오. 제가 감옥에서 풀려나도록 바로에게 말해 주십시오. 저는 히브리 사람의 땅에서 강제로 이곳에 끌려왔으며, 감옥에 갇힐 만한 일을 한 적이 없습니다."

빵을 굽던 신하도 요셉에게 "나도 꿈을 꾸었다네. 내 머리 위에 빵이 담긴 바구니 세 개가 있는데 가장 위에 있는 바구니에는 바로에게 바칠 온갖 빵들이 있었다네. 그런데 새들이 내 머리 위에 있는 바구니 속의 음식을 먹었다네."라고 이야기했습니다.

요셉이 빵 맡은 신하에게 "그 꿈을 설명해 드리면, 세 바구니는 3일을 뜻합니다. 앞으로 3일이 지나기 전에 바로가 당신의 머리를 베어 버릴 것이고, 당신의 시체를 장대 위에 매달 것입니다. 그래서 새들이 당신의 시체를 쪼아 먹을 것입니다."라고 말했습니다.

그로부터 3일 후, 바로의 생일잔치가 열렸습니다. 바로는 감옥에 있는 두 신하를 불러내어 모든 신하들 앞에서 술 맡은 신하에게는 전에 하던 일을 다시 맡겼으나 빵을 굽던 신하는 장대에 매달았습니다. 모든 일이 요셉이 말한 대로 이루어졌습니다.

그러나 술 맡은 신하는 요셉을 잊고 기억하지 못했습니다.

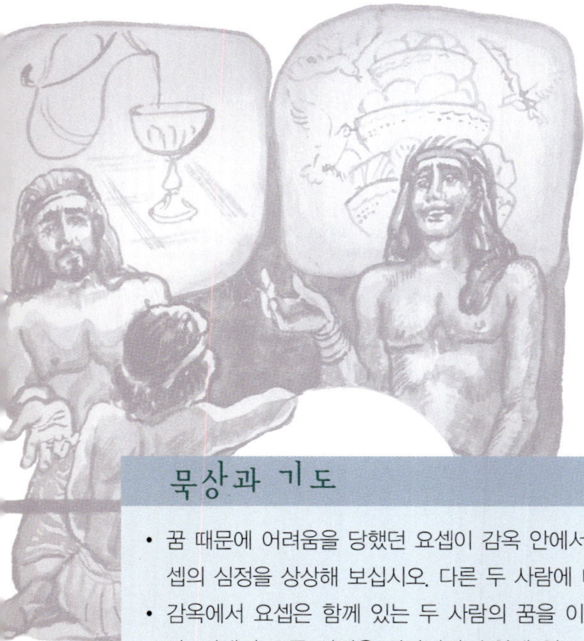

묵상과 기도

- 꿈 때문에 어려움을 당했던 요셉이 감옥 안에서 다른 두 사람의 꿈을 해석해 주는데, 이때 요셉의 심정을 상상해 보십시오. 다른 두 사람에 대해서도 묵상해 보십시오.
- 감옥에서 요셉은 함께 있는 두 사람의 꿈을 이들 자신의 미래 사건과 연결하여 해석해 줍니다. 미래의 모든 사건은 하나님의 손안에 있으며, 하나님의 계시를 받은 사람만이 꿈을 해석할 수 있는데, 꿈 해석으로 요셉은 새로운 사건으로 넘어갈 수 있는 바탕이 마련됩니다.
- 하나님! 어떤 상황 속에서도 하나님을 신뢰하는 믿음을 갖게 하시니 감사합니다.

38

바로 왕의 꿈을 풀어 준 요셉

(창세기 41 : 15 – 16)

“바로가 요셉에게 이르되 내가 한 꿈을 꾸었으나 그것을 해석하는 자가 없더니 들은즉 너는 꿈을 들으면 능히 푼다 하더라 요셉이 바로에게 대답하여 이르되 내가 아니라 하나님께서 바로에게 편안한 대답을 하시리이다”

창세기 41 : 14~37

바로 왕이 사람을 보내어 감옥에 있는 요셉을 부르자, 감옥에서 나온 요셉이 수염을 깎고 옷을 갈아입은 후에 바로 왕에게 나아갔습니다.

바로 왕이 요셉에게 "내가 꿈을 꾸었는데, 그 꿈이 어떤 꿈인지를 설명해 줄 사람이 없는데 네가 꿈을 해석할 수 있다는 말을 들었다."고 말하자, 요셉은 바로에게 "저는 꿈을 해석할 능력이 없습니다. 하나님께서 왕을 위해 해몽해 주실 것입니다."라고 대답했습니다.

바로는 요셉에게 꿈 이야기를 들려주었습니다.

"꿈에 나일 강가에 서 있었는데 거기서 살지고 아름다운 소 일곱 마리가 올라와 풀을 뜯어먹었다. 그런데 그 뒤에 야위고 마른 다른 일곱 마리 암소가 올라와 살진 일곱 마리 소를 잡아먹었다. 내가 또 다른 꿈을 꾸었는데 한 가지에서 잘 자라고 토실토실한 이삭 일곱 개가 나오고, 그 후에 가늘고 뜨거운 동풍에 바싹 마른 일곱 이삭이 나오더니 토실토실한 일곱 개의 이삭을 삼켜 버렸다."

그때에 요셉이 바로 왕에게 "두 꿈의 뜻은 같습니다. 하나님께서 앞으로 일어날 일을 미리 보여 주셨습니다. 좋은 소 일곱 마리와 좋은 이삭 일곱 개는 칠 년을 뜻하고 마르고 못생긴 일곱 소와 동풍에 바싹 마른 일곱 이삭도 칠 년을 뜻합니다. 앞으로 애굽 온 땅에는 칠 년 동안 큰 풍년이 들 것이나, 그 후에 칠 년 동안 큰 가뭄이 들어 온 땅을 뒤덮을 것입니다. 하나님께서는 이 일을 곧 이루실 것입니다. 그러니 바로 왕께서는 매우 지혜롭고 현명한 사람을 뽑으셔서 이 땅을 다스리게 하십시오. 풍년이 드는 동안 식물의 오분의 일을 거두어 그 곡물을 성마다 저장해 두고 닥쳐올 칠 년 동안의 가뭄 때에 써야 할 것입니다. 그러면 가뭄이 들어도 애굽 백성이 죽지 않을 것입니다."라고 꿈을 설명해 주고, 그에 대한 대비책도 말해 주었습니다.

바로는 요셉의 말을 매우 훌륭하게 여겼고, 그의 모든 신하들도 똑같이 생각했습니다.

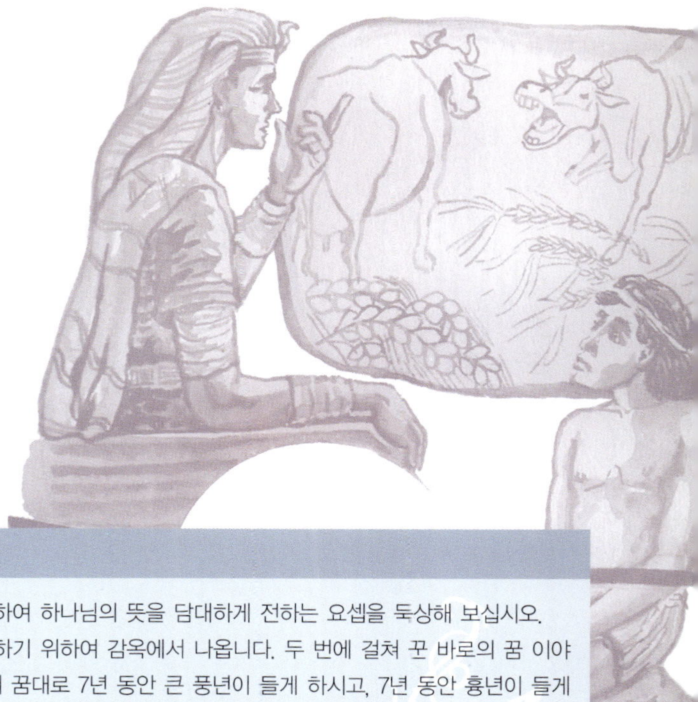

묵상과 기도

- 감옥에서 나와 바로 왕을 향하여 하나님의 뜻을 담대하게 전하는 요셉을 묵상해 보십시오.
- 요셉이 바로 왕의 꿈을 해석하기 위하여 감옥에서 나옵니다. 두 번에 걸쳐 꾼 바로의 꿈 이야기를 들은 요셉은 하나님께서 꿈대로 7년 동안 큰 풍년이 들게 하시고, 7년 동안 흉년이 들게 하실 것이라고 해석합니다. 그래서 요셉은 왕에게 그 대비책으로 지혜로운 사람을 뽑아 이 땅을 다스리도록 하라고 말합니다.
- 어려움 가운데 있는 우리를 건져 주시기 위하여 섭리하시는 하나님! 감사합니다. 어려움 속에서도 하나님의 일을 쉬지 않게 하옵소서.

39

애굽의 총리가 된 요셉

(창세기 42 : 6)

"때에 요셉이 나라의 총리로서 그 땅 모든 백성에게 곡식을 팔더니 요셉의 형들이 와서 그 앞에서 땅에 엎드려 절하매"

바로 왕이 신하들에게 말했습니다. "요셉보다 이 일을 더 잘할 사람이 어디에 있겠는가? 이 사람에게는 정말로 하나님의 영이 있도다."

바로 왕은 요셉에게 "하나님께서 이 모든 일을 그대에게 보여 주셨다. 그대만큼 지혜롭고 현명한 사람은 없다. 내 왕국을 그대에게 맡기니 모든 백성들이 그대에게 복종할 것이다. 그대보다 높은 사람은 나밖에 없도다."라고 말하고, 애굽 땅을 맡겼습니다.

바로는 손가락에서 왕의 도장이 찍힌 반지를 빼서, 요셉의 손가락에 끼워 주고, 요셉에게 고운 세마포 옷도 주었으며, 요셉의 목에 금목걸이를 걸어 주었습니다. 또한 요셉을 자기에게 있는 좋은 수레에 태우고, 사람들에게 그 수레 앞에서 "무릎을 꿇어라!" 하고 외쳤습니다.

가나안 땅에도 가뭄이 들었기 때문에 이스라엘이라고도 부르는 야곱의 아들들도 곡식을 사기 위해 애굽으로 내려갔습니다. 그때, 요셉은 애굽의 총리가 되어 곡식을 팔고 있었습니다.

요셉의 열 명의 형들이 요셉 앞에서 땅에 엎드려 절했습니다. 요셉은 그들을 보자마자, 그들이 자기의 형들이라는 것을 알았습니다. 그러나 요셉은 모르는 체하고 엄한 말투로 "너희들은 어디에서 왔느냐?"고 물었습니다. 형들은 "우리는 가나안 땅에서 먹을 것을 사려고 왔습니다."라고 대답했습니다. 요셉의 형들은 애굽의 총리가 자신들의 동생 요셉이라는 사실을 전혀 알지 못했습니다.

요셉이 어릴 적에 꾼 꿈이 이루어졌습니다.

묵상과 기도

- 애굽 총리가 된 요셉과 먹을 것을 사러 온 그의 형제들을 상상해 보십시오.
- 요셉의 꿈 해석과 조언은 설득력이 있었습니다. 그래서 바로 왕은 요셉으로 하여금 총리로서 애굽을 다스리게 하는데, 그 이유는 요셉이 하나님의 영을 소유한 사람이기 때문이었습니다. 드디어 가뭄 때문에 요셉의 형제들이 애굽으로 먹을 것을 사러 왔는데, 이것은 형들이 요셉에게 무릎을 꿇은 꿈이 이루어진 것을 뜻합니다.
- 죽음과 같은 감옥의 삶으로부터 건져 주신 하나님! 감사합니다. 하나님의 영이 함께하는 사람을 높이시는 하나님을 찬양합니다.

40

이스라엘 백성의 고통

(출애굽기 1 : 13－14)

"이스라엘 자손에게 일을 엄하게 시켜 어려운 노동으로 그들의 생활을 괴롭게 하니 곧 흙 이기기와 벽돌 굽기와 농사의 여러 가지 일이라 그 시키는 일이 모두 엄하였더라"

요셉이 애굽의 총리로 있을 때에 야곱과 그의 온 가족이 애굽으로 내려가 살았습니다. 세월이 흘러 요셉과 그의 모든 형제들은 죽었으나, 이스라엘 백성은 오랜 세월 동안 점점 많아지고 강해졌으며, 애굽 온 땅에 가득하게 되었습니다.

그때에 요셉을 모르는 새로운 왕이 애굽을 다스리게 되었습니다. 그 왕은 애굽 백성에게 "이스라엘 백성이 너무 많아서 그들이 우리보다도 강해졌다. 그러니 그들에 대해서 계획을 세우지 않으면 그들의 수가 더 늘어나게 되고, 만약 전쟁이라도 나면 그들이 우리의 적과 한편이 되어 우리와 맞서 싸운 후에 이 나라에서 떠날 것이다."라고 말했습니다. 그래서 애굽 사람들은 이스라엘 백성들을 다스릴 감독들을 세우고 강제로 힘든 일을 시키면서 바로를 위해 비돔과 라암셋 성을 쌓게 했습니다.

그러나 이스라엘 백성의 수는 더욱 많아졌습니다. 이에 애굽 사람들은 이스라엘 백성을 더욱 두려워하며, 이스라엘 백성들에게 흙 이기기와 벽돌 굽기, 그리고 고된 밭일을 시키며 괴롭혔습니다. 때문에 이스라엘 백성들은 더욱더 힘든 생활을 하게 되었습니다.

이스라엘 백성은 애굽에서 430년 동안 살았습니다.

묵상과 기도

- 냉대하는 타국에서 오래 기간 고된 일을 하면서 살아야 하는 이스라엘 백성들을 상상해 보십시오.
- 애굽 총리인 요셉과 그 아비 야곱과 그의 온 가족이 애굽에서 죽은 후 430년 동안 이스라엘 백성이 애굽에 살면서 강제 노동으로 힘들게 살았습니다. 그 백성의 수는 너무 많아서 애굽 왕이 전쟁 시 그들이 애굽의 적군과 한편이 될까 봐 더욱 고된 일로 괴롭혔습니다.
- 아브라함, 이삭, 야곱과 약속하신 하나님! 하나님의 백성들의 고통을 오랫동안 지켜보시는 하나님의 뜻을 알게 하옵소서.

41

물에서 건져 낸 아이

(출애굽기 2 : 10)

“그 아기가 자라매 바로의 딸에게로 데려가니 그가 그의 아들이 되니라 그가 그의 이름을 모세라 하여 이르되 이는 내가 그를 물에서 건져내었음이라 하였더라”

이스라엘 백성들이 많아지는 것을 막기 위해 애굽 왕 바로는 이스라엘 여인들의 출산을 도와주는 산파 십브라와 부아에게 딸이 태어나면 살려 주고 아들이면 죽이라고 명령했습니다.

그러나 하나님을 두려워하는 산파들은 바로 왕의 명령을 어기고 남자 아이들도 살려 주었고, 이스라엘 백성의 수는 더욱 많아졌습니다. 그러자 바로는 모든 백성에게 명령했습니다. "이스라엘 사람에게서 남자 아이가 태어나면 나일 강에 던져 버려라. 하지만 여자 아이는 살려 두어도 좋다."

이스라엘 레위 집안의 한 여인이 아들을 낳아 세 달 동안 숨겨서 키웠으나 이제는 더 이상 숨겨 키울 수가 없게 되었습니다.

아이의 엄마는 물에 뜰 수 있도록 갈대상자를 만들어 아이를 담아 나일 강가의 갈대풀 사이에 띄워 놓았습니다. 그 아기의 누이는 멀리 서서 지켜보았습니다. 그 때 바로 왕의 딸이 몸종들을 거느리고 목욕하러 왔다가 갈대 사이의 상자를 발견했습니다. 상자를 열어 우는 아이를 보고 불쌍한 마음이 든 공주에게 그 아기의 누이가 다가가서 "내가 가서 당신을 위하여 히브리 여인 중에서 유모를 불러다가 이 아이를 위하여 젖을 먹이게 할까요?" 하고 말하자 바로의 딸이 허락했고, 그 소녀는 가서 그 아기의 어머니를 불러왔습니다. 바로의 딸은 그 여인에게 삯을 주고 아이를 데려다가 젖을 먹이게 했습니다. 그 아기가 자란 후에 바로의 딸에게 데려가자 바로의 딸이 자신의 아들로 삼았습니다. 물에서 건져 냈다고 해서 그 아이를 모세라고 불렀습니다.

묵상과 기도

- 아들을 낳으면 죽일 수밖에 없는 이스라엘의 국가적 운명을 상상해 보십시오.
- 이스라엘 백성들의 수가 많아지는 것을 막기 위해 애굽 왕 바로는 이스라엘 여인이 낳은 아들을 죽이라고 명령하지만 하나님을 두려워하는 산파들이 이 명령을 어깁니다. 이스라엘 레위 집안의 한 여인이 아들을 낳아 숨겨 키우다가 갈대상자 속에 그 아들을 넣고 나일 강가의 갈대풀에 띄워 놓았는데, 이 아이가 바로 모세입니다. 바로의 딸이 이 아이를 데려가 자기 아들로 키웠습니다.
- 하나님이 선물로 주신 자녀를 이 땅에 낳아 평안히 키울 수 있도록 하신 하나님께 감사를 드립니다.

42

모세를 부르신 하나님

(출애굽기 3 : 9–10)

“이제 가라 이스라엘 자손의 부르짖음이 내게 달하고 애굽 사람이 그들을 괴롭히는 학대도 내가 보았으니 이제 내가 너를 바로에게 보내어 너에게 내 백성 이스라엘 자손을 애굽에서 인도하여 내게 하리라”

어른이 된 모세는 어느 날 애굽 사람이 이스라엘 백성을 모질게 때리는 것을 보고 그 애굽 사람을 죽였습니다. 이 일을 알게 된 바로 왕이 모세를 죽이려고 찾자, 모세는 미디안 땅으로 도망쳤습니다. 모세는 미디안 제사장의 딸 십보라와 결혼을 하고, 그의 장인인 이드로의 양 떼를 돌보고 있었습니다.

어느 날 모세는 양 떼를 몰고 광야의 서쪽, 하나님의 산인 호렙 산에 이르렀습니다. 그곳에서 여호와의 사자가 떨기나무의 불꽃 속에서 모세에게 나타났습니다. 그 나무는 불붙고 있었지만, 타서 없어지지는 않았습니다. 모세는 이 광경을 이상하게 생각하고 가까이 가서 살펴보려고 했습니다. 그때 하나님께서 모세를 보시고 "모세야, 모세야!" 하며 그를 부르셨습니다. 모세는 "제가 여기에 있습니다."라고 대답했습니다. 하나님께서 모세에게 "더 가까이 오지 마라. 네 신발을 벗어라. 너는 지금 거룩한 땅 위에 서 있느니라. 나는 네 조상 아브라함의 하나님, 이삭의 하나님, 야곱의 하나님이다."라고 말씀하셨습니다. 모세는 하나님을 바라보는 것이 두려워서 얼굴을 가렸습니다.

여호와께서 모세에게 "나는 내 백성이 이집트에서 고통당하고 있는 것을 보았고, 또 이집트의 노예 감독들이 내 백성을 때릴 때에 그들이 울부짖는 소리를 들었다. 나는 그들이 얼마나 괴로워하는지를 알고 있다. 나는 그들을 그 땅에서 인도해 내고 젖과 꿀이 넘쳐흐를 만큼 비옥한 가나안 땅으로 인도하여 갈 것이다. 그래서 나는 지금 너를 바로에게 보내려 하니, 가거라! 가서 내 백성 이스라엘 사람들을 이집트에서 인도해 내어라!"라고 말씀하셨습니다.

묵상과 기도

- 호렙 산에서 현현하신 하나님과 만난 모세의 경험과 이스라엘을 구원하기 위한 전령으로서 부름을 받은 모세의 사명을 묵상해 보십시오.
- 바로의 딸 손에 자라서 어른이 된 모세가 이스라엘 백성을 때리는 애굽 사람을 죽인 후, 미디안으로 피신하여 십보라와 결혼합니다. 이곳에서 양 떼를 몰던 모세가 하나님의 산 호렙 산에 이르러 그곳에서 모세를 부르시는 하나님을 만납니다. 하나님은 모세에게 애굽에서 고통당하는 하나님의 백성 이스라엘 사람들을 인도해 내어 비옥한 가나안 땅으로 인도하도록 사명을 주십니다.
- 고통 가운데 있는 우리에게 먼저 오셔서 우리를 부르시는 하나님! 감사합니다. 부르심에 합당한 사람이 될 수 있도록 도와주옵소서.

43

애굽에 내린 아홉 가지 재앙

(출애굽기 7 : 3-4)

"내가 바로의 마음을 완악하게 하고 내 표징과 내 이적을 애굽 땅에서 많이 행할 것이나 바로가 너희의 말을 듣지 아니할 터인즉 내가 내 손을 애굽에 뻗쳐 여러 큰 심판을 내리고 내 군대, 내 백성 이스라엘 자손을 그 땅에서 인도하여 낼지라"

여호와께서 모세에게 "바로는 고집이 세서 백성을 내보내려 하지 않는다."고 말씀하셨습니다. 하나님의 말씀처럼 모세가 지팡이로 나일 강의 물을 쳐서 피로 변하게 하였고, 이스라엘 백성을 내보내어 하나님을 예배하게 하도록 이집트를 온통 개구리로 덮게 하였으나 바로는 이스라엘 백성들을 내보내지 않았습니다.

이와 파리 떼 재앙과 그 외 애굽의 모든 말과 나귀와 낙타와 소와 양이 심한 악질로 다 죽었으나, 바로의 마음은 조금도 움직이지 않았습니다. 모세가 아궁이의 재를 양손에 가득 쥐고 바로가 보는 앞에서 공중에 던져 그것이 애굽 온 땅에 두루 흩어져서 애굽의 모든 사람과 짐승들의 몸에 종기를 일으켰으나 여호와께서 말씀하신 대로 바로의 고집은 꺾이지 않았습니다.

하나님의 말씀을 두려워하지 않는 사람들과 짐승은 모두 끔찍한 우박을 맞았고, 메뚜기가 땅을 덮어 아무도 땅을 볼 수 없게 되자, 바로는 "내가 너희와 너희 어린 것들을 보내 너희 주님이 너희와 함께하기를 바란다."고 말했습니다. 그러나 모세는 "젊은 사람과 노인들, 우리의 아들과 딸, 우리의 양과 소가 다 갈 것입니다. 이는 우리 모두가 여호와의 절기를 지켜야 하기 때문입니다."라고 말했습니다. 어두움이 애굽 땅을 덮어 3일 동안 움직일 수 없게 되자, 바로가 "가서 여호와를 예배하여라. 여자와 어린아이들도 데리고 가거라. 다만 양과 소만은 남겨 놓고 가거라."라고 말했습니다. 이때 모세가 "우리 하나님이신 여호와께 바칠 제물과 번제물도 가지고 갈 수 있게 해 주어야 합니다."라고 말했습니다. 그러자 바로가 모세에게 "가 버려라! 다시는 나타나지 마라! 또다시 나타나면 너를 죽이고 말겠다."라고 말했습니다. 그래서 모세는 왕에게 "왕이 말한 대로 하겠습니다. 다시는 왕을 만나러 오지 않겠습니다."라고 말했습니다.

묵상과 기도

- 각 재앙 때마다 변화되는 바로 왕의 마음과 행동의 변화를 나 자신과 연결하여 묵상해 보십시오.
- 하나님은 이스라엘의 모든 백성과 양과 소 모두 하나님께 예배할 수 있도록 하기 위하여 모세를 통하여 이스라엘 백성들을 출애굽 하시려고 합니다. 이를 위해 애굽에 내린 아홉 가지 재앙, 즉 피, 개구리, 이, 파리, 악질, 종기, 우박, 메뚜기, 어둠에 대한 바로 왕의 행동이 섬세하게 나타나고 있습니다.
- 바로 왕과 같이 강퍅한 우리의 마음과 행동을 보게 하옵소서. 감사함으로 하나님께 예배드리는 일에 장애되는 모든 요소들을 뛰어넘게 하옵소서.

44

열 번째 재앙과 유월절의 시작

(출애굽기 12 : 21－23)

"……너희는 나가서 너희의 가족대로 어린 양을 택하여 유월절 양으로 잡고 ……그 피를 문 인방과 좌우 설주에 뿌리고 아침까지 한 사람도 자기 집 문 밖에 나가지 말라 여호와께서 애굽 사람들에게 재앙을 내리려고 지나가실 때에 문 인방과 좌우 문설주의 피를 보시면 여호와께서 그 문을 넘으시고 멸하는 자에게 너희 집에 들어가서 너희를 치지 못하게 하실 것임이니라"

여호와께서 마지막 재앙에 관하여 모세에게 말씀하셨습니다. "바로와 애굽에 내릴 벌이 한 가지 더 있는데, 그 벌을 내린 다음에야 그가 너희 모두를 애굽에서 내보낼 것이다. 그 벌은 바로 애굽 땅에서 처음 태어난 보좌 위에 앉아 있는 바로의 아들로부터 맷돌질하는 여자 노예의 처음 태어난 아들까지 죽는 것이며, 가축의 처음 태어난 것까지 다 죽이는 것이다."

하나님은 모세에게 말씀하셨습니다. "그러나 이스라엘 백성이나 짐승들을 보고는 개 한 마리도 짖지 않을 것이다. 그리하여 너희는 나 여호와가 애굽과 이스라엘을 구별하였다는 것을 알게 될 것이다. 이달 십 일에 집집마다 양 한 마리씩을 준비하여 무교병을 함께 먹어라. 그 어느 것도 아침까지 남겨 두어서는 안 되며, 만약 아침까지 남은 것이 있거든 불에 태워라. 먹을 때에는 이렇게 먹어라. 금방 길을 떠날 사람처럼 옷을 다 입고 신발도 신고 손에는 지팡이를 든 채 서둘러서 음식을 먹어라. 이것이 여호와의 유월절이다. 그날 밤, 나는 이집트 온 나라로 다니며 짐승이든 사람이든 이집트 땅의 모든 처음 태어난 것을 죽일 것이다. 그리고 이집트의 모든 신들에게도 벌을 내릴 것이다. 나는 여호와다. 그러나 너희가 사는 집에 피가 발라져 있으면 그것이 표시가 될 것이니, 피가 발라져 있는 것을 보면 나는 너희를 지나갈 것이다. 내가 이집트 땅을 칠 때에 너희에게는 어떤 재앙도 미치지 않을 것이다. 너희는 언제나 이날을 기억하며 이날을 나 여호와의 기념일로 지켜라. 너희는 대대로 이날을 기념하여 지켜야 한다."

묵상과 기도

- 마지막 열 번째 재앙에서 이스라엘을 애굽과 구별하시는 하나님의 신실하심과 섭리를 묵상해 보십시오.
- 마지막 열 번째 재앙이 애굽의 처음 난 모든 아들과 가축이 죽임을 당하는 것인데, 이 재앙 시 이스라엘 백성이 사는 집에 피가 발라져 있으면 이 재앙이 그냥 지나감으로 하나님은 애굽과 이스라엘을 구별하셨습니다. 뿐만 아니라 그 외 어떤 재앙도 이스라엘 백성들에게는 미치지 않았습니다. 하나님께서 언제나 이날을 기억하며 여호와의 기념일로 지키게 하셨는데 바로 이날이 여호와의 유월절입니다.
- 애굽에서 신음하는 이스라엘 백성들을 모세를 통하여 출애굽 하게 하시어 아브라함과 이삭과 야곱과의 약속을 지키시는 신실하신 하나님을 찬양합니다. 전폭적인 하나님의 절대주권으로 우리를 세상으로부터 구별시켜 주신 하나님께 감사와 영광을 돌립니다.

45

홍해를 건너게 하신 하나님

(출애굽기 14 : 30)

"그날에 여호와께서 이같이 이스라엘을 애굽 사람의 손에서 구원하시매 이스라엘이 바닷가에서 애굽 사람들이 죽어 있는 것을 보았더라"

출애굽기 14 : 21~31

출애굽 한 이스라엘 백성들은 바로가 군대를 이끌고 뒤좇아 오자 두려워했습니다. "두려워하지 마시오! 굳게 서서 여호와께서 오늘 여러분에게 베푸실 구원을 보시오. 오늘이 지나면 이 애굽 사람들을 다시는 보지 않게 될 것이오. 여호와께서 여러분을 위해 싸워 주실 것이오." 하나님께서는 이미 모세에게 이 일이 일어날 것을 말씀하시며, 바로와 그 군대를 물리치시겠다고 약속하셨습니다.

모세가 손을 들어 바다를 가리키자 하나님께서 밤새도록 강한 동풍을 일으키셔서 바닷물을 밀어 바다를 둘로 가르시고 바다를 마른 땅으로 바꾸어 놓으셨습니다. 이스라엘 백성은 마른 땅을 밟고 바다를 건너는데, 양옆에는 바닷물이 벽을 이루고 있었습니다. 그러자 바로와 그의 군대가 이스라엘 백성을 뒤좇아 바다로 들어왔습니다. 하나님께서 애굽 군대를 어지럽게 하시고, 전차 바퀴를 벗겨서 굴러가지 못하게 만드셨습니다. 애굽 군인들은 소리 질렀습니다. "이스라엘 사람들을 좇지 말고 돌아가자! 여호와가 그들 편이 되어 우리와 싸운다!"

하나님께서 모세에게 "네 손을 들어 바다를 가리켜라. 그러면 바닷물이 다시 돌아와 애굽 군대를 덮을 것이다."라고 말씀하셨습니다. 모세가 하나님의 말씀대로 손을 들어 바다를 가리키자 바닷물이 다시 깊어지기 시작했습니다. 애굽 군인들은 바다에서 도망치려고 했으나 하나님께서 그들을 바다에 빠뜨리셨습니다. 바닷물이 다시 깊어져서 전차와 전차를 모는 군인들을 덮어 버렸습니다.

그날, 여호와께서는 이스라엘 백성을 애굽 사람들에게서 구해 주셨습니다. 이스라엘 백성은 하나님께서 애굽 사람들을 물리치신 큰 능력을 보고 하나님을 두려워했으며, 하나님과 하나님의 종 모세를 믿었습니다.

묵상과 기도

- 바다 한가운데서 막강한 애굽의 군대로부터 이스라엘 백성을 구원하시는 하나님의 능력과 이에 순종하는 모세, 그리고 모세의 지시에 따라 행동하는 그 백성을 함께 묵상해 보십시오.
- 하나님께서 이스라엘 백성을 구원하여 주시는데, 이는 도망가는 이스라엘 백성에게 미혹되고 하나님에 의해 끌리던 애굽 군대가 갈라진 바다 한가운데 빠져 들어감으로 가능하였습니다. 그리고 바다가 원래 위치로 되돌아오면서 휩쓸어 버림으로 가능하였으며, 이런 기적들은 모두 모세의 신호에 따라 하나님께서 행하신 것입니다.
- 바다 한가운데를 걸어갈 수 있게 하시는 하나님의 능력을 믿게 하옵소서. 뒤좇아 오는 적군을 하나님의 손에 온전히 맡기는 믿음을 허락하옵소서.

46

만나

(출애굽기 16 : 11－12)

"여호와께서 모세에게 말씀하여 이르시되 내가 이스라엘 자손의 원망함을 들었노라 그들에게 말하여 이르기를 너희가 해 질 때에는 고기를 먹고 아침에는 떡으로 배부르리니 내가 여호와 너희의 하나님인 줄 알리라 하라 하시니라"

이스라엘이 출애굽 한 지 한 달째 되는 날에 엘림을 떠나 엘림과 시내 산 사이에 있는 신 광야로 갔습니다. 그때에 모든 이스라엘 무리가 광야에서 모세와 아론을 원망했습니다. 이스라엘 백성이 모세와 아론에게 "여호와께서 우리를 이집트 땅에서 죽이시는 것이 차라리 더 좋을 뻔했소. 이집트에서는 고기 삶는 솥도 곁에 있었고, 빵도 배부르게 먹었소. 그런데 당신들은 우리를 이 광야로 이끌어 내서 우리를 굶어 죽게 하고 있소."라고 불평했습니다.

하나님께서 이스라엘 백성의 원망 소리를 들으시고 그날 저녁에 메추라기를 보내 주시고, 아침에는 서리와 같은 얇은 조각을 땅 위에 내려 주셨습니다. 이스라엘 백성은 그것이 무엇인지 알지 못했으므로, 서로 "이것이 무엇이냐?" 하고 물었습니다. "이것은 여호와께서 여러분에게 먹으라고 주신 양식이오." 모세가 그들에게 말해 주었습니다.

모세는 백성들에게 각기 필요한 만큼만 거두고, 다음 날 아침까지 남겨 두지 말라고 하였지만 어떤 사람들은 모세의 말을 듣지 않고 그 다음 날 먹을 것을 남겨 두었습니다. 그러나 다음 날 아침까지 남겨 둔 것은 벌레가 먹어 썩기 시작했습니다. 모세는 그 사람들에게 화를 냈습니다.

하나님께서는 6일째 되는 날에는 거룩한 안식일에 먹을 것까지 이틀 동안 먹을 양을 거두라고 명령하셨습니다. 그랬더니 안식일 아침까지 두어도 그 양식은 썩은 냄새가 나거나 벌레 먹은 것이 없었으므로 백성들이 먹을 수 있었습니다. 그러나 하나님의 명령을 어기고 안식일에 양식을 거두러 나갔던 사람들은 아무것도 얻지 못했습니다.

이스라엘 백성들은 그 양식을 '만나'라고 불렀습니다. 만나는 작고 하얀 고수나무 씨처럼 보였고, 맛은 꿀로 만든 과자와 같았습니다.

하나님께서는 만나 한 오멜을 남겨 두어 이스라엘 자손들이 볼 수 있게 하라고 말씀하셨습니다. 모세는 그대로 순종하였으며, 후에 이 만나가 든 항아리를 언약궤 앞에 두었습니다.

이스라엘 백성은 정착할 땅에 이르기 전까지 40년 동안 만나를 먹었습니다.

묵상과 기도

- 홍해의 기적을 경험한 이스라엘 백성들이 광야에 들어가서 양식이 없어 모세를 향해 불평하고 원망하는 상황을 상상해 보십시오. 이런 상황에서 만나를 양식으로 주시는 하나님의 사랑을 묵상해 보십시오.
- 먹을 것이 없는 것에 대한 이스라엘 백성의 불평과 모세와 아론을 향한 원망을 들으시고 하나님은 이들에게 메추라기와 만나로 40년 동안 양식을 한결같이 제공하십니다.
- 하나님의 능력을 의심하는 우리들을 용납해 주시는 하나님! 감사합니다. 우리의 원망과 불평까지도 들으시고 응답해 주시는 하나님의 사랑에 감사를 드립니다.

47

십계명

(출애굽기 20 : 1-2)

"하나님이 이 모든 말씀으로 말씀하여 이르시되 나는 너를 애굽 땅, 종 되었던 집에서 인도하여 낸 네 하나님 여호와니라"

하나님께서는 애굽의 종살이에서 인도해 낸 이스라엘 백성들에게 그들이 지켜야 할 열 개의 계명을 주셨습니다.

제일은, 너는 나 외에는 다른 신들을 네게 두지 말라.

제이는, 너를 위하여 새긴 우상을 만들지 말고 또 위로 하늘에 있는 것이나 아래로 땅에 있는 것이나 땅 아래 물속에 있는 것의 어떤 형상도 만들지 말며 그것들에게 절하지 말며 그것들을 섬기지 말라.

나 네 하나님 여호와는 질투하는 하나님인즉 나를 미워하는 자의 죄를 갚되 아버지로부터 아들에게로 삼사 대까지 이르게 하거니와 나를 사랑하고 내 계명을 지키는 자에게는 천 대까지 은혜를 베푸느니라

제삼은, 너는 네 하나님 여호와의 이름을 망령되게 부르지 말라.

여호와는 그의 이름을 망령되게 부르는 자를 죄 없다 하지 아니하리라

제사는, 안식일을 기억하여 거룩하게 지키라.

엿새 동안은 힘써 네 모든 일을 행할 것이나 일곱째 날은 네 하나님 여호와의 안식일인즉 너나 네 아들이나 네 딸이나 네 남종이나 네 여종이나 네 가축이나 네 문안에 머무는 객이라도 아무 일도 하지 말라 이는 엿새 동안에 나 여호와가 하늘과 땅과 바다와 그 가운데 모든 것을 만들고 일곱째 날에 쉬었음이라 그러므로 나 여호와가 안식일을 복되게 하여 그날을 거룩하게 하였느니라

제오는, 네 부모를 공경하라.

그리하면 네 하나님 여호와가 네게 준 땅에서 네 생명이 길리라

제육은, 살인하지 말라.

제칠은, 간음하지 말라.

제팔은, 도둑질하지 말라.

제구는, 네 이웃에 대하여 거짓 증거하지 말라.

제십은, 네 이웃의 집을 탐내지 말라.

네 이웃의 아내나 그의 남종이나 그의 여종이나 그의 소나 그의 나귀나 무릇 네 이웃의 소유를 탐내지 말라

묵상과 기도

- 제일 계명, "너는 나 외에는 다른 신들을 네게 두지 말라."의 말씀을 깊이 묵상하면서 나머지 아홉 가지 계명과 연관하여 계속 묵상해 보십시오.
- 애굽 땅에서 종 되었던 이스라엘 백성들을 인도하고 난 후 하나님은 모세를 통하여 십계명을 주셨는데, 첫 번째 계명은 나머지 아홉 가지 계명의 기초가 되며 십계명이 보증해 주는 관계에 기초가 됩니다. 이것은 여호와 하나님과 언약관계에 들어가기를 원하는 사람들에게 요구되는 가장 근본적인 조건입니다. 십계명은 출애굽기 속에서 여호와 하나님 자신이 직접 그의 백성들에게 하신 유일한 말씀입니다. 처음의 네 계명들은 이스라엘과 여호와의 관계를 규정하는 원칙들을 설명해 주고, 나머지 여섯 계명들은 이스라엘과 공동체 간의 관계를 규정하는 원칙을 설명하고 있습니다. 이것은 온 인류와 직접적으로나 간접적으로 관계가 있습니다.
- 하나님의 백성으로서 삶을 사는 법을 십계명을 통해서 주신 하나님! 감사합니다. 하나님께서 말씀하신 십계명을 지킬 수 있도록 하나님의 영으로 충만케 하옵소서.

48

금송아지를 만들다

(출애굽기 32 : 1)

"백성이 모세가 산에서 내려옴이 더딤을 보고 모여 백성이 아론에게 이르러 말하되 일어나라 우리를 위하여 우리를 인도할 신을 만들라 이 모세 곧 우리를 애굽 땅에서 인도하여 낸 사람은 어찌 되었는지 알지 못함이니라"

이스라엘 백성들은 모세가 산에서 내려오는 것이 늦어지자 아론에게 몰려와서 "우리를 이집트 땅에서 인도해 낸 모세가 어떻게 되었는지 모르겠으니 우리를 인도할 신을 만들어 주시오."라고 말했습니다.

그러자 아론이 백성들에게 "여러분의 아내와 아들과 딸이 달고 있는 금귀고리를 빼서 나에게 가지고 오시오." 하고 말했습니다.

그리하여 모든 백성들은 달고 있던 금귀고리를 빼서 아론에게 가지고 갔습니다.

아론은 백성에게서 받은 금을 녹인 다음, 그것을 틀에 부어 송아지 상을 만들었습니다. 그러자 백성들이 "이스라엘아! 이것이 너희를 애굽 땅에서 인도해 낸 신이다!"라고 말했습니다. 그 모습을 본 아론은 송아지 상 앞에 제단을 쌓은 다음에 "내일 여호와를 위한 절기를 지키겠다."고 선언했습니다.

이튿날 아침, 백성들은 일찍 일어나 번제와 화목제를 드렸습니다. 백성들은 앉아서 먹고 마시며, 일어나서 뛰어놀았습니다.

묵상과 기도

- 우리가 하나님을 예배할 때, 제이 계명을 범할 수 있는데 이에 대해 깊이 묵상해 보십시오. 나의 우상은 무엇인가요?
- 모세가 시내 산에 올라가 오랫동안 자리를 비운 사이에 이스라엘 백성이 불안감에 가득 차서 안절부절못하였습니다. 그래서 백성들이 모여 자신들을 인도할 신을 만들자고 위협적으로 접근하자, 아론은 그들의 압력으로 백성들이 가져온 금귀고리를 녹여 송아지 상을 만들었습니다. 백성들은 이 금송아지 상에 절하며 번제와 화목제를 지내면서 먹고 마시며 뛰놀았습니다. 이와 같이 하여 이스라엘 백성은 제이 계명을 범하고 말았습니다.
- 우리가 신령과 진정으로 유일하신 하나님께 예배드리고 싶습니다. 도와주옵소서. 성령의 조명으로 하나님 외에 무엇을 더 마음에 두고 있는지 분별할 수 있도록 도와주옵소서.

49

다시 새겨진 십계명

(출애굽기 34 : 28)

"모세가 여호와와 함께 사십 일 사십 야를 거기 있으면서 떡도 먹지 아니하였고 물도 마시지 아니하였으며 여호와께서는 언약의 말씀 곧 십계명을 그 판들에 기록하셨더라"

하나님께서는 이스라엘 백성들이 금송아지를 만들어 절하고 제물을 바치는 것을 아시고, 모세에게 그들을 멸망시키겠다고 말씀하셨습니다(32장). 그러나 모세는 하나님께 매달려 하나님의 마음을 돌리게 하여 백성들을 멸망치 않기로 약속을 받은 뒤, 시내 산에서 내려와 금송아지 앞에서 백성들이 춤추는 모습을 보고 손에 든 돌판을 산기슭에 내어 던졌습니다(32장).

34장에서 하나님은 모세에게 "처음 것과 같은 돌판 두 개를 깎아라. 네가 깨뜨려 버린 처음 돌판에 썼던 것과 똑같은 글을 거기에 써 주겠다. 내일 아침까지 준비한 다음, 아침에 시내 산으로 올라와서 산꼭대기에서 내 앞에 서라. 아무도 너를 따라오지 못하게 하여라. 산에 그 누구의 모습도 보이면 안 된다. 산 근처에서는 양이나 소에게도 풀을 뜯게 하지 마라."라고 말씀하셨습니다.

모세는 돌판 두 개를 처음 것과 똑같이 깎아 만들어 가지고 다음 날 아침 일찍 일어나 시내 산을 올라갔습니다. 그때에 하나님께서 구름 속으로 내려오셔서 모세와 함께 서셨습니다.

그리고 여호와라는 이름을 선포하셨습니다.

여호와께서 모세 앞을 지나가시며 "나는 여호와이다. 여호와는 자비롭고 은혜로운 하나님이다. 나는 그리 쉽게 노하지 않으며 사랑과 진실이 큰 하나님이다. 나는 수천 대에 이르기까지 한결같은 사랑을 베풀며 잘못과 허물과 죄를 용서할 것이다. 하지만 죄를 그냥 보고 넘기지는 않겠다. 나는 죄를 지은 사람뿐만 아니라, 그의 삼대나 사대 자손에게까지 벌을 내릴 것이다."라고 말씀하셨습니다.

모세는 급히 엎드려 하나님께 절을 한 후에 "주님, 제가 주님께 은혜를 입었다면 저희와 함께 가 주십시오. 비록 이 백성은 고집이 센 백성이지만 저희의 잘못과 죄를 용서해 주십시오. 저희를 주님의 백성으로 삼아 주십시오."라고 하나님께 말씀드렸습니다.

모세는 그곳에서 40일 밤낮을 여호와와 함께 지냈습니다. 그동안, 모세는 음식도 먹지 않고 물도 마시지 않았습니다. 하나님께서는 언약의 말씀, 곧 십계명을 두 돌판에 기록하셨습니다.

출애굽기 34 : 1~9, 28

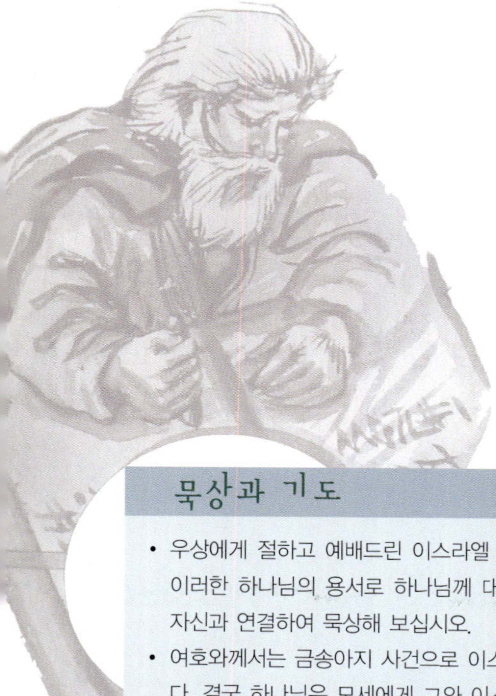

묵상과 기도

- 우상에게 절하고 예배드린 이스라엘 백성들을 용서하시는 하나님을 묵상해 보십시오. 동시에 이러한 하나님의 용서로 하나님께 대한 믿음과 사랑을 새롭게 느끼는 이스라엘 백성들을 나 자신과 연결하여 묵상해 보십시오.
- 여호와께서는 금송아지 사건으로 이스라엘 백성들을 떠나고 벌하시겠다는 말씀을 철회하십니다. 결국 하나님은 모세에게 그와 이스라엘 백성이 시내 산을 떠나게 될 때 함께 가신다고 약속하시고, 처음 것과 같은 돌판을 깎아 만들어 다시 시내 산으로 모세를 올라오라고 하십니다. 시내 산에 올라가 하나님 앞에 선 모세에게 여호와께서 현현하셔서 자신의 이름을 선포하시고 자신의 본성을 또 한 번 계시하십니다. 이스라엘 백성을 긍휼히 여기시는 하나님의 마음과 이스라엘에 대한 깊은 사랑이 여기서 드러납니다. 이스라엘 백성은 금송아지 사건으로 하나님께서는 화를 더디 내시고 변함없는 사랑을 베푸시며 신뢰할 만한 분이라는 새로운 인식을 갖게 되었습니다. 더 나아가 지금도 계속 변함없으신 사랑을 천대까지 베푸시고 그들의 악과 과실과 죄를 용서하시는 하나님을 경험합니다.
- 죄 가운데 있는 우리를 구원해 주시는 하나님의 능력을 찬양합니다. 하나님의 말씀을 거역하는 우리에게 죄로부터 벗어나 하나님을 믿는 믿음을 갖게 하시고 천대까지 복을 받게 하시는 하나님을 찬양합니다. 하나님! 감사합니다.

50

성막

(출애굽기 40 : 1–2)

"여호와께서 모세에게 말씀하여 이르시되 너는 첫째 달 초하루에 성막 곧 회막을 세우고"

모세는 하나님의 말씀에 따라 성막을 만들기 위하여 "너희가 가진 것 중에서 여호와께 드릴 것을 택하되 마음에 원하는 자는 누구든지 그것을 여호와께 드려라." 라고 이스라엘 백성들에게 말했습니다. 그래서 마음이 감동된 사람들과 자원한 사람들이 성막에 필요한 모든 물건을 가져왔습니다.

모세는 브살렐과 오홀리압과 하나님께서 재능을 주신 사람들을 불러 성막을 만들게 했습니다. 하나님께서 모세에게 명령하신 대로 그들이 성막을 만들어 가져오자 모세는 그들을 축복하였습니다.

이스라엘 백성이 애굽에서 나온 후, 둘째 해 첫째 달 초하루에 여호와께서 모세에게 명령하신 대로 회막을 세우고, 그 위에 다른 장막을 펴고 그 위에 덮개를 덮었습니다. 모세는 증거판을 언약궤 안에 넣었습니다. 그리고 언약궤에 채를 끼우고 그 위에 속죄판을 덮었습니다. 그런 다음에 모세는 언약궤를 회막 안으로 가져갔습니다. 그리고 휘장을 쳐서 언약궤를 가렸습니다. 여호와께서 모세에게 명령하신 대로 했습니다.

모세는 상을 회막 안에 놓았습니다. 모세는 상을 휘장 앞, 곧 회막의 북쪽에 놓았습니다. 그리고 여호와 앞 상 위에 빵을 올려놓았습니다. 여호와께서 모세에게 명령하신 대로 했습니다.

그리고 여호와께서 모세에게 명령하신 대로 여호와 앞에서 등잔대 위에 등잔불을 올려놓았습니다. 모세는 금향제단을 회막 안으로 가져가서 휘장 앞에 놓았습니다. 여호와께서 모세에게 명령하신 대로 모세는 그 위에 향기로운 향을 피웠습니다.

모세는 번제단을 성막, 곧 회막 입구에 두었습니다. 그런 다음에 그 제단 위에 번제물과 곡식제물을 바쳤습니다. 주님께서 모세에게 명령하신 대로 했습니다. 모세는 물동이를 회막과 번제단 사이에 놓고 거기에 씻을 물을 담았습니다. 모세와 아론과 아론의 아들들은 그 물로 손과 발을 씻었습니다.

모세는 회막과 제단 둘레의 뜰을 휘장으로 둘러쌌습니다. 그리고 뜰 입구에 휘장을 쳐서 문을 달았습니다. 이렇게 모세는 모든 일을 마쳤습니다.

묵상과 기도

- 언제 어디서나 나와 함께하시는 하나님의 임재에 관하여 묵상해 보십시오.
- 출애굽기의 전반부는 여호와께서 함께하시겠다는 약속과 그 약속에 대한 입증, 그리고 시내산에 강림하셔서 이스라엘 백성에게 모습을 드러내신 하나님에 관한 내용입니다. 후반부는 이스라엘이 삶과 언약과 경배와, 심지어 불순종으로 여호와의 임재에 응답하는 내용을 다루고 있습니다. 후반부의 대부분은 이러한 교제가 성별된 장소, 성별된 물건, 그리고 성별된 행위를 통하여 여호와께서 임재하신다는 것과 관련되어 있습니다. 마지막 40장은 이렇게 성별된 장소, 물건, 행위들의 상징적인 의미를 총괄적으로 요약하고 있는데, 이는 여호와 하나님이 이스라엘의 한가운데 임재하시고 지성소에 충만히 임재하시며 언제, 어디에서든지 이스라엘 백성의 삶의 처소에 임재하시고 그들과 함께 거하신다는 것을 뜻합니다.
- 늘 나의 삶 한가운데 함께 계시는 하나님! 감사합니다. 하나님의 충만하신 임재를 언제, 어디서든지 느끼게 하옵소서.

51

놋뱀으로 사람들을 구하다

(민수기 21 : 7)

"백성이 모세에게 이르러 말하되 우리가 여호와와 당신을 향하여 원망함으로 범죄하였사오니 여호와께 기도하여 이 뱀들을 우리에게서 떠나게 하소서 모세가 백성을 위하여 기도하매"

이스라엘 백성이 호르 산을 떠나, 홍해로 가는 길을 따라갔습니다. 그 길로 들어선 것은 에돔 나라를 돌아서 가야 했기 때문입니다. 하지만 백성은 참을성이 없어졌습니다.

그들은 하나님과 모세를 원망하며 이렇게 말했습니다. "왜 우리를 애굽에서 데리고 나와서, 이 광야에서 죽게 하는 거요? 여기에는 빵도 없고, 물도 없소. 이 형편없는 음식은 이제 지긋지긋하오."

그러자 여호와께서 백성에게 독사를 보내셨습니다. 독사가 백성을 물어 많은 사람이 죽었습니다.

백성이 모세에게 와서 말했습니다. "우리가 당신과 여호와를 원망함으로 죄를 지었습니다. 여호와께 기도드려서 이 뱀들을 없애 주십시오." 그래서 모세는 백성을 위해 기도드렸습니다.

여호와께서 모세에게 말씀하셨습니다. "놋뱀을 만들어서 장대에 매달아라. 뱀에 물린 사람은 그것을 쳐다보면 살 것이다."

그리하여 모세는 놋뱀을 만들어 장대에 매달았습니다. 뱀에 물린 사람은 누구든지 그것을 쳐다보면 살아났습니다.

묵상과 기도

- 시내 산 광야에서 만나를 먹이신 하나님을 경험한 이스라엘 백성이 또다시 에돔 땅 광야에서 똑같은 방법으로 음식에 대하여 하나님과 모세에게 원망하는데, 이스라엘 백성들의 이와 같은 행동을 나 자신과 연결하여 묵상해 보십시오.
- 홍해 길을 따라 에돔 땅을 우회하는 동안에 이스라엘 백성은 하나님과 모세에게 형편없는 음식이 지긋지긋하다고 원망합니다. 그래서 여호와께서는 이 백성을 독사에 물려 죽게 하셨는데, 이때 이 백성들이 하나님과 모세를 원망한 죄를 회개하면서 모세에게 기도를 부탁합니다. 그래서 하나님은 모세의 중재기도에 응답하여 뱀 재앙으로부터 이 백성들을 해방시키십니다. 해방시키는 방법은 놋뱀을 장대 위에 달아 뱀에게 물린 사람들이 치유될 수 있도록 한 것이었습니다. 이것은 여호와 하나님의 자유로운 판단하에 이스라엘 백성의 복종을 시험하는 것이기도 했습니다.
- 좋은 음식으로 우리의 필요를 늘 풍성하게 채워 주시는 하나님께 감사하지 못하는 우리들을 불쌍히 여겨 주옵소서. 하나님이 세우신 종들과 하나님을 향한 우리의 불평과 원망을 소멸해 주옵소서.

52

나귀를 통해 말씀하신 하나님

(민수기 22 : 34－35)

“발람이 여호와의 사자에게 말하되 내가 범죄하였나이다 당신이 나를 막으려고 길에 서신 줄을 내가 알지 못하였나이다 당신이 이를 기뻐하지 아니하시면 나는 돌아가겠나이다 여호와의 사자가 발람에게 이르되 그 사람들과 함께 가라 내가 네게 이르는 말만 말할지니라……”

이스라엘 백성은 길을 떠나 모압 평야에 진을 쳤습니다. 그때 모압 왕 발락은 이스라엘 백성의 수가 너무 많았기 때문에 겁에 질려 있었습니다. 그래서 모압 왕 발락은 이스라엘 백성들을 모압 땅에서 쫓아내기 위하여 브돌에 사는 발람에게 사람을 보내어 "와서 이스라엘을 저주해 달라."고 부탁했습니다. 모압의 지도자들은 두 번이나 발람을 만나 모압 왕 발락의 말을 전했습니다. 발람은 오직 하나님의 명령을 따라 그들을 따라나섰습니다. 그러나 하나님께서는 길을 떠나는 발람에게 화가 나셨습니다. 그래서 여호와의 천사로 하여금 나귀를 타고 가는 발람의 길을 막아서게 하셨습니다. 발람의 눈에는 천사가 보이지 않았지만 나귀는 천사를 보고는 이리저리 피했습니다. 그러는 바람에 발람의 발이 양쪽 담에 닿아 긁혔습니다. 나중에는 나귀가 아예 주저앉아 버렸습니다. 발람은 화가 나서 나귀를 때렸습니다. 여호와께서는 나귀의 입을 여셨고, 발람은 그제서야 칼을 빼들고 길에 서 있는 여호와의 천사를 보았습니다. 여호와의 천사는 발람에게 말했습니다. "그들을 따라가되 오직 내가 시키는 말만 하여라."

모압 왕 발락은 모압 땅에 도착한 발람을 데리고 바알 산당으로 갔습니다. 발락은 발람에게 이스라엘을 저주해 달라고 부탁했습니다. 발람은 그곳에 제단을 쌓게 해 달라고 부탁하며 모압 왕 발락에게 이렇게 말했습니다. "여호와께서 나에게 무엇을 보여 주시든 그것을 왕에게 알려 드리겠습니다." 그리고 나서 발람은 하나님께 제사를 드렸습니다. 하나님께서는 발람에게 말해야 할 것을 일러 주셨습니다. 번제를 드린 후 발람은 발락에게 이스라엘에 대한 저주가 아닌 축복의 말을 전했습니다. 발락은 또다시 부탁을 했고 발람은 다시 이런 말을 전했습니다. "하나님은 사람이 아니시기에 거짓말을 하지 않으십니다. 하나님은 말씀하시는 것을 이루시며, 약속하신 것은 지키십니다. 하나님께서 나에게 저들을 축복하라고 말씀하셨으니, 내가 그것을 바꿀 수는 없습니다." 발람은 여호와께서 이스라엘에게 복 주시기를 원하신다는 것을 알았습니다. 그래서 그 다음에도, 또 그 다음번에도 이스라엘을 축복하였습니다. 발락은 저주를 위해 불러온 발람이 오히려 이스라엘을 축복하자 화를 내며 돌아가라고 말했습니다. 발람은 하나님께서 일러 주신 대로 말했고, 모압을 떠나면서 마지막으로 이스라엘이 모압을 포함하여 다른 족속들을 깨뜨릴 것이라고 예언했습니다. 그리고 나서 발람과 발락은 자기 갈 길로 돌아갔습니다.

묵상과 기도

- 주의 뜻을 분별할 수 없을 때, 다른 방법으로 우리를 깨닫게 하시는 하나님을 묵상해 보십시오.
- 몇 번이나 모압 왕 발락이 발람에게 이스라엘을 저주하도록 요구하였으나 발람은 한결같이 하나님께서 말씀하신 대로 이스라엘을 축복하였습니다. 그럼에도 불구하고 이유는 알 수 없지만 하나님께서 발람의 길이 사악하여 나귀를 통하여 그 길을 여러 번 막으시고 결국은 나귀로 하여금 말하게 함으로써 발람의 눈을 여십니다.
- 하나님의 뜻을 분별하지 못하여 하나님을 거스르는 죄로부터 우리를 건져 주옵소서. 그리고 하나님의 뜻만을 말하는 사람으로 만들어 주옵소서.

53

젖과 꿀이 흐르는 땅의 열매

(민수기 13 : 27)

"모세에게 말하여 이르되 당신이 우리를 보낸 땅에 간 즉 과연 그 땅에 젖과 꿀이 흐르는데 이것은 그 땅의 과일이니이다"

민수기 13 : 1~3, 17~27

"가나안 땅을 정탐할 사람들을 보내거라. 내가 그 땅을 이스라엘 백성에게 줄 것이다. 각 지파에서 지도자 한 사람씩을 보내어라." 모세는 여호와의 명령에 따라 바란 광야에서 가나안 땅으로 각 지파의 지휘관들을 보냈습니다.

모세는 그들을 보내어 가나안 땅을 정탐하게 했습니다. 모세가 말했습니다. "가나안 남쪽 네게브 지방에 갔다가 산악 지방으로도 가시오. 그 땅이 어떻게 생겼는지 살펴보시오. 그 땅에 사는 백성이 강한지 약한지, 적은지 많은지 살펴보시오. 그리고 그들이 사는 땅이 어떤가 살펴보시오. 좋은 땅인지 나쁜 땅인지 살펴보시오. 그들이 사는 마을은 어떤지, 마을에 성벽이 있는지 아니면 훤히 트인 들판의 진과 같은지 살펴보시오. 흙은 어떤지, 기름진지 메마른지, 나무는 자라는지 살펴보시오. 그 땅에서 자라는 열매도 가져오시오."

그때는 첫 열매가 맺히는 계절이었습니다. 그리하여 그들은 올라가서 그 땅을 신 광야에서부터 하맛 어귀 르홉에 이르기까지 정탐했습니다. 그들은 가나안 남쪽 네겝을 거쳐 헤브론에까지 이르렀습니다. 헤브론에는 아히만과 세새와 달매가 살았습니다. 그들은 아낙 자손이었습니다. 헤브론 성은 애굽의 소안보다 7년 먼저 세워졌습니다. 그들은 에스골 골짜기에서 포도 한 송이가 달려 있는 포도나무 가지 하나를 꺾었습니다. 그리고 두 사람이 장대를 메고, 장대 가운데에 포도나무 가지를 매달아서 날랐습니다. 그들은 석류와 무화과도 땄습니다. 그들은 그곳을 '에스골 골짜기' 라고 불렀습니다. 이스라엘 백성이 그곳에서 포도나무 가지를 꺾었기 때문입니다. 그들은 40일 동안, 가나안 땅을 정탐한 뒤에 진으로 돌아왔습니다.

묵상과 기도

- 가나안 땅에 들어가기 전, 그곳의 구체적인 상황을 상상하면서 하나님의 섬세하심을 묵상해 보십시오.
- 하나님께서 명령하신 대로 모세는 이스라엘 백성의 지도자들을 가나안 땅에 보내 살펴보게 했는데, 그때가 바로 열매 맺는 계절이었습니다. 정탐꾼들은 40일 동안 정탐한 뒤, 젖과 꿀이 흐르는 땅의 열매, 포도 한 송이가 달려 있는 포도나무 가지 하나를 꺾어 두 사람이 장대에 메고 진으로 다시 돌아왔습니다.
- 우리의 모든 삶을 주관하시고 자세하게 지시해 주시는 하나님! 감사합니다. 무슨 일을 하든지 먼저 하나님께 물어보는 사람 되게 하옵소서.

54

정탐꾼을 살려 준 라합

(여호수아 2 : 14−15)

"……네가 우리의 이 일을 누설하지 아니하면 우리의 목숨으로 너희를 대신할 것이요 여호와께서 우리에게 이 땅을 주실 때에는 인자하고 진실하게 너를 대우하리라 라합이 그들을 창문에서 줄로 달아 내리니 그의 집이 성벽 위에 있으므로 그가 성벽 위에 거주하였음이라"

여호수아 2 : 1~21

눈의 아들 여호수아는 싯딤이라는 곳에 이르러 두 명의 정탐꾼을 몰래 내보내며 말했습니다. "가서 저 땅을 잘 살펴보고 오시오. 특히 여리고 성을 자세히 살펴보고 오시오." 그래서 그 두 사람은 여리고로 갔습니다.

그들은 라합이라고 하는 어떤 기생의 집에 들어가 머무르게 되었습니다. 라합은 그 사람들을 지붕 위에 말리려고 펼쳐 놓았던 삼대 밑에 숨겼습니다.

정탐꾼들이 잠자리에 들 준비를 할 때, 라합이 지붕으로 올라와 그들에게 말했습니다. "나는 여호와께서 이 땅을 당신들의 백성에게 주셨다는 것을 압니다. 우리는 당신들 때문에 매우 두려워하고 있고, 이 땅에 사는 모든 사람들도 당신들을 무서워하고 있습니다. 우리가 무서워하는 것은 여호와께서 당신들을 도우셨기 때문입니다. 우리는 당신들이 이집트에서 나올 때, 여호와께서 홍해의 물을 마르게 하신 사실을 들어서 알고 있습니다. 또 당신들이 요단 강 동쪽에 살고 있던 아모리 사람들의 두 왕 시혼과 옥을 물리쳤다는 사실도 알고 있습니다. 이 모든 이야기를 들었을 때, 우리는 너무나도 무서웠습니다. 지금 이 성 사람들은 당신들과 싸우는 것을 두려워하고 있습니다. 그것은 당신들의 하나님 여호와께서 위로는 하늘과 아래로는 땅을 다스리는 분이심을 알고 있기 때문입니다. 그러니 여호와 앞에서 나에게 약속을 해 주십시오. 내가 당신들에게 친절을 베푼 것처럼 당신들도 내 가족에게 친절을 베풀겠다고 말입니다. 제발 내 아버지와 어머니, 형제자매들과 그들의 모든 가족을 구해 주겠다고 약속해 주시고, 그렇게 하겠다는 증거를 보여 주십시오."

정탐꾼들이 라합에게 말했습니다.

"우리의 목숨을 걸고 당신들을 살려 주겠소. 우리가 하고 있는 일을 아무에게도 말하지 마시오. 여호와께서 이 땅을 우리에게 주실 때, 우리는 친절함과 성실함으로 당신들을 대하겠소."

라합이 살고 있던 집은 성벽 위에 세워져 있었는데, 라합은 정탐꾼들이 창문을 통해 밧줄을 타고 내려갈 수 있도록 해 주었습니다.

여호수아 2 : 1~21

묵상과 기도

- 나 자신과 가족들의 구원의 역사에 있어서 하나님을 향한 나의 믿음으 깊이를 한번 묵상해 보십시오.
- 라합은 이스라엘과 여리고의 긴장관계에도 불구하고 정탐꾼을 받아들이고, 숨겨 주고, 적극적으로 협력하여 도망갈 수 있게 도와줍니다. 그 이유는 라합이 하나님께서 이스라엘 백성들을 출애굽 시 홍해의 물을 마르게 한 것과 요단 강에 있는 아모리의 두 왕을 물리쳤다는 두 가지 사실을 알고 있었기 때문입니다. 또한 여리고 사람들이 이스라엘 하나님께서 하늘과 땅을 다스리시는 분임을 알고 있었기 때문입니다. 라합은 이러한 신앙으로 정탐꾼들이 창문을 통해 밧줄을 타고 내려갈 수 있게 해 주었습니다. 그 결과 그와 그 가족들이 구원을 얻게 됩니다.
- 내 가족들과 민족들을 불쌍히 여기사 하늘과 땅을 다스리시는 하나님을 알게 하옵소서.

55

요단 강을 건너다

(여호수아 3 : 15–17)

“요단이 곡식 거두는 시기에는 항상 언덕에 넘치더라 궤를 멘 자들이 요단에 이르며 궤를 멘 제사장들의 발이 물 가에 잠기자 곧 위에서부터 흘러내리던 물이 그쳐서…… 그 모든 백성이 요단을 건너기를 마칠 때까지 모든 이스라엘은 그 마른 땅으로 건너갔더라”

여호수아는 아침 일찍 일어나 이스라엘 백성과 함께 싯딤을 떠나 요단 강까지 갔습니다. 그리고 강을 건너기 전, 그곳에 진을 쳤습니다. 3일 후, 지도자들이 진 사이로 돌아다니면서 백성에게 명령했습니다. "여러분은 제사장들과 레위 사람들이 여러분의 하나님 여호와의 언약궤를 메고 가는 것을 볼 것이오. 그러면 여러분은 지금 있는 곳을 떠나 그 뒤를 따라가시오. 이제 여러분은 한 번도 가 본 적이 없는 길을 가게 될 것이오. 그러나 언약궤를 따라가면 어느 길로 가야 할 것인가를 알 수 있을 것이오. 언약궤를 너무 가까이 하지 말고, 이천 규빗 정도의 거리를 두고 따라가시오."

그 후에 여호수아는 제사장들에게 말했습니다. "언약궤를 메고 백성들 앞에서 강을 건너시오." 그러자 제사장들은 백성들 앞에서 그 언약궤를 메고 갔습니다. 그 때에 여호와께서 여호수아에게 말씀하셨습니다. "오늘부터 내가 너를 모든 이스라엘 사람들 앞에서 큰 사람이 되게 하겠다. 그러면 백성은 내가 모세와 함께했던 것같이 너와 함께한다는 것을 알게 될 것이다. 언약궤를 나르는 제사장에게 말하여라. 그들에게 요단 강가에 도착하면 물 한가운데로 들어가라고 하여라." 그리하여 여호수아는 이스라엘 백성에게 말했습니다. "이리 와서 여러분의 하나님 여호와의 말씀을 들으시오. 살아 계신 하나님이 여러분과 함께하신다는 것을 여러분은 알 것이오. 온 땅의 주인이신 주님의 언약궤가 여러분보다 먼저 요단 강에 들어갈 것이오. 이제 이스라엘의 열두 지파에서 한 사람씩 열두 사람을 뽑으시오. 온 땅의 주인이신 여호와의 언약궤를 메고 가는 제사장들의 발이 물속에 닿으면, 강물의 흐름이 그치고 물이 흐르지 않게 될 것이오. 마치 둑에 가로막힌 것처럼 물이 멈춰 쌓이게 될 것이오."

언약궤를 나르던 제사장들이 강가에 도착하여 강물에 발을 내디뎠습니다. 바로 그 순간, 강물의 흐름이 그치고 강물은 멀리 떨어진 아담이라는 곳까지 둑처럼 쌓였습니다. 사해로 흐르는 요단 강물이 완전히 말라 버려서 백성들은 여리고 근처로 강을 건널 수 있었습니다.

여호수아 3장

묵상과 기도

- 하나님께서 우리와 함께하시고 말씀하시는 성경의 말씀에 대한 우리 자신의 태도를 깊이 생각해 보십시오.
- 하나님의 말씀대로 언약궤를 멘 제사장들이 요단 강에 들어서자 강물의 흐름이 멈추고 둑처럼 쌓여 이스라엘 백성들이 여리고 근처로 강을 건넙니다. 이는 언약궤 안에 하나님 자신이 거하시어 하나님께서 이 사건과 그 백성 가운데 함께하심을 표징합니다.
- 하나님! 제가 얼마나 하나님의 말씀을 사모하는지 주께서 아시나이다. 말씀으로 주와 교제하며 깊은 사귐을 갖게 하옵소서.

56

여리고 성 함락

(여호수아 6 : 4-5)

"제사장 일곱은 일곱 양각 나팔을 잡고 언약궤 앞에서 나아갈 것이요 일곱째 날에는 그 성을 일곱 번 돌며 그 제사장들은 나팔을 불 것이며 제사장들이 양각 나팔을 길게 불어 그 나팔 소리가 너희에게 들릴 때에는 백성은 다 큰 소리로 외쳐 부를 것이라 그리하면 그 성벽이 무너져 내리리니 백성은 각기 앞으로 올라갈지니라"

여호수아 6 : 1~20

여리고 성 사람들은 이스라엘 자손들을 두려워하여 성문을 굳게 닫아걸었습니다. 아무도 성 안으로 드나들지 못했습니다.

그때에 여호와께서 여호수아에게 말씀하셨습니다. "보아라, 내가 여리고를 너에게 주겠다. 여리고의 왕과 그 모든 군인들도 너에게 줄 것이니 하루에 한 번씩 여리고 성을 너의 군대와 함께 행군하며 돌아라. 그 일을 육 일 동안 하여라. 제사장 일곱 명에게 숫양의 뿔로 만든 나팔을 가지고 언약궤 앞에서 행군하라고 말하여라. 칠 일째 되는 날에는 성을 일곱 바퀴 돌며 제사장들에게 나팔을 불라고 말하여라. 제사장들이 한 번 길게 나팔을 불면, 백성들에게 나팔 소리를 듣고 크게 고함을 치라고 말하여라. 그리하면 여리고의 성벽이 무너질 것이다. 그때, 백성들은 곧장 앞으로 쳐들어가거라."

그리하여 눈의 아들 여호수아는 제사장들을 불러 모아 이 모든 것을 말했습니다. 여호수아가 백성들에게 말하기를 마치자, 나팔을 가진 일곱 명의 제사장들이 여호와 앞에서 행군하기 시작했고, 행군과 동시에 나팔을 불기 시작했습니다. 그 뒤에는 여호와의 언약궤를 든 제사장들이 뒤따랐고, 무기를 든 군인들은 제사장들 앞에서 행군하였습니다. 또 언약궤 뒤에도 무기를 든 군인들이 뒤따랐습니다. 그들은 각기 자기 나팔을 불었습니다. 그러나 여호수아는 백성들에게 고함을 지르지 말라고 했습니다. "소리 내지 마시오. 내가 명령을 내리기 전까지는 아무 말도 하지 마시오. 내가 명령을 내리면 그때 고함을 지르시오."

이처럼 여호수아는 백성들에게 여호와의 궤를 메고 성 둘레를 한 바퀴 돌고 나서 진으로 되돌아오게 했습니다. 그들은 이 일을 육 일 동안, 날마다 했습니다. 칠 일째 되는 날, 그들은 새벽에 일어났습니다. 그리고 성 둘레를 일곱 번 돌았습니다. 그들은 전과 같은 방법으로 성 둘레를 돌았지만, 성을 일곱 바퀴 돌기는 그날이 처음이었습니다.

일곱 바퀴째 돌 때, 제사장들이 또 나팔을 불었습니다. 그러자 여호수아가 명령을 내렸습니다. "자, 고함을 지르시오! 여호와께서 여러분에게 이 성을 주셨소. 성과 성 안에 있는 모든 것은 다 여호와께 바치는 것이므로 모두 없애시오. 다만 기생 라합과 그의 집에 있는 사람들은 모두 살려 주어야 하오. 이는 라합이 우리가 보낸 두 명의 정탐꾼을 숨겨 주었기 때문이오."

제사장들이 나팔을 불고 백성들은 고함을 질렀습니다. 백성이 나팔 소리를 듣고 고함을 치자 성벽이 무너졌습니다. 그러자 모든 사람들이 성 안으로 곧장 쳐들어갔습니다. 이렇게 하여 이스라엘 사람들은 여리고 성을 차지했습니다.

묵상과 기도

- 우리 자신의 공로 없이 하나님께서 친히 인도하시고 역사하신 사건을 떠올려 묵상해 보십시오.
- 여리고 성 함락에서 인간의 어떠한 공로도 없이 하나님께서 친히 모든 일의 계획과 그 일을 수행하십니다. 이스라엘은 단지 행렬을 지어 나가고 마지막에 나팔을 울렸을 뿐이었습니다.
- 모든 일과 사건 속에서 홀로 역사하시어 뜻을 이루시는 하나님! 하나님의 이름을 찬양하오니 하나님 홀로 영광 받으옵소서.

57

기드온과 300용사

(사사기 7 : 20 - 21)

"세 대가 나팔을 불며 항아리를 부수고 왼손에 횃불을 들고 오른손에 나팔을 들어 불며 외쳐 이르되 여호와와 기드온의 칼이다 하고 각기 제자리에 서서 그 진영을 에워싸매 그 온 진영의 군사들이 뛰고 부르짖으며 도망하였는데"

기드온이 그 꿈과 해몽하는 말을 듣고, 하나님께 감사드리고 이스라엘의 진으로 돌아와 이스라엘 사람들에게 "일어나시오! 여호와께서 미디안 군대를 이기게 해 주셨소."라고 말했습니다.

기드온은 300명을 세 무리로 나누고 모든 사람에게 나팔과 빈 항아리를 나누어 주었습니다. 항아리 속에는 횃불이 들어 있었습니다.

기드온이 사람들에게 말했습니다. "나를 잘 보고 내가 하는 대로 따라 하시오. 내가 적진의 가장자리에 이르면 나와 내 주변에 있는 모든 사람이 나팔을 불 것이오. 그러면 여러분도 가지고 있는 나팔을 부시오. 그리고 나서 '여호와를 위하여! 기드온을 위하여!' 라고 외치시오."

기드온과 그를 따르는 군사 100명이 적진의 가장자리까지 갔습니다. 마침 한밤중이었고, 적군이 보초를 막 바꾼 뒤에 기드온과 그를 따르는 사람들은 나팔을 불며 항아리를 깨뜨렸습니다.

세 무리로 나누어진 기드온의 군사들이 모두 나팔을 불며 항아리를 깨뜨렸습니다. 그들은 왼손에는 횃불을 들고 오른손에는 나팔을 들었습니다. 그리고 나서 "여호와와 기드온의 칼이다!" 하고 외쳤습니다.

기드온의 군사들은 모두 진을 둘러싸고 자기 자리에 서 있었으나 진 안에서는 미디안 사람들이 소리를 지르며 달아나기 시작했습니다.

기드온의 군사 300명이 나팔을 불었을 때, 여호와께서는 미디안 사람들끼리 칼을 가지고 서로 싸우게 만드셨습니다. 적군은 스레라의 벧 싯다 성과 답밧 성에서 가까운 아벨므홀라 성의 경계선으로 도망쳤습니다.

그러자 납달리와 아셀과 므낫세에서 모여온 이스라엘 사람들은 미디안 사람들을 뒤쫓아 갔는데, 기드온은 에브라임의 모든 산지에 사람을 보내어 말했습니다. "어서 내려와서 미디안 사람들을 공격하시오. 벧 바라까지 요단 강을 지키시오. 그래서 미디안 사람들이 요단 강을 건너지 못하도록 하시오." 그리하여 에브라임 사람들이 다 모였습니다. 그들은 벧 바라까지 요단 강을 지켰습니다.

계속해서 미디안 사람들을 뒤쫓은 에브라임 사람들은 오렙과 스엡의 머리를 잘라서 기드온에게 가지고 갔습니다. 그때 기드온은 요단 강 동쪽에 있었습니다.

묵상과 기도

- 능치 못할 일이 없으신 하나님을 본문과 연관하여 묵상해 보십시오.
- 미디안 사람들로 하여금 각자의 칼을 자신의 동료들을 향하여 돌리게 한 분은 하나님이십니다. 하나님은 그들로 하여금 적을 분간할 능력을 잃어버리게 하셨습니다. 300명의 승리는 전략에 의해 이루어진 것이 아니라 하나님의 개입에 의해 이뤄진 것이었습니다.
- 우리의 삶에 늘 개입하셔서 승리케 하시는 하나님! 감사합니다. 하나님의 능력을 우리의 삶 속에서 늘 감지하며 살아가게 하옵소서.

58

사자와 싸운 삼손

(사사기 14 : 6)

"여호와의 영이 삼손에게 강하게 임하니 그가 손에 아무것도 없이 그 사자를 염소 새끼를 찢는 것 같이 찢었으나 그는 자기가 행한 일을 부모에게 알리지 아니하였더라"

사사기 14 : 1~6

삼손은 딤나 성으로 내려가서 어떤 블레셋 처녀를 보았습니다. 삼손은 집으로 돌아와서 아버지와 어머니에게 말했습니다. "딤나에서 어떤 블레셋 여자를 보았습니다. 그 여자를 저에게 데려다 주세요. 그 여자와 결혼하고 싶습니다."

삼손의 아버지와 어머니가 대답했습니다. "이스라엘에도 너와 결혼할 여자가 얼마든지 있다. 그런데 너는 왜 그 블레셋 여자와 결혼하겠다는 말이냐? 블레셋 사람들은 할례도 받지 않았다." 그러나 삼손은 "그 여자를 데려다 주세요. 나는 그 여자와 결혼하겠어요."라고 말했습니다. 삼손의 부모는 여호와께서 이 일을 계획하셨다는 것을 모르고 있었습니다. 여호와께서는 블레셋 사람들을 칠 기회를 찾고 계셨고, 그때 이스라엘은 블레셋의 다스림을 받고 있었습니다.

삼손은 자기 아버지, 어머니와 함께 딤나로 내려갔습니다. 그들은 딤나에서 가까운 포도밭에 갔는데, 그때 갑자기 한 어린 사자가 으르렁거리면서 삼손에게 다가왔습니다.

여호와의 영이 삼손에게 들어가자, 삼손은 큰 힘을 얻었습니다. 삼손은 마치 염소 새끼를 찢듯이 맨손으로 그 사자를 찢어 버렸습니다. 그러나 삼손은 자기가 한 일을 아버지와 어머니에게는 말하지 않았습니다.

묵상과 기도

- 삼손의 배우자 선택과 사자 사건 배후에 있는 하나님의 섭리를 묵상해 보십시오.
- 삼손은 딤나의 불레셋 처녀에게 결혼하고자 부모와 함께 그곳으로 향했지만 가는 도중에 혼자서 포도밭에서 사자를 만나 찢어 버렸습니다. 삼손은 이것을 부모들에게 말하지 않았는데, 그 이유는 사자 사건과 더불어 포도원을 통과한 것 자체가 나실인 규례를 파기한 것으로 여겨지므로 부모를 불편하게 하지 않으려는 데 있을 것입니다. 여기서 삼손은 사자를 자기 손으로 죽인 것처럼 여겼지만 이는 여호와의 영이 강하게 그에게 임한 결과입니다. 그러므로 이 사건에서 사자는 하나님의 또 다른 도구이자 삼손에게 하나님이 보여 준 표징입니다.
- 삼손이 배우자 선택과 길에서 만난 사자와의 싸움이 하나님의 섭리였음을 깨닫지 못했을 때조차도 삼손 안에서 모든 일을 계획하시고 섭리하시는 하나님! 우리 삶의 모든 사건 속에 개입하시는 하나님의 섭리를 깨닫게 하옵소서.

59

삼손의 마지막

(사사기 16 : 28)

“삼손이 여호와께 부르짖어 이르되 주 여호와여 구하옵나니 나를 생각하옵소서 하나님이여 구하옵나니 이번만 나를 강하게 하사 나의 두 눈을 뺀 블레셋 사람에게 원수를 단번에 갚게 하옵소서 하고”

사사기 16 : 21~31

블레셋 사람들은 삼손의 두 눈을 뽑은 뒤, 가사로 데려가 놋 줄로 묶어 감옥에 넣고, 곡식을 갈게 만들었습니다. 그때 삼손의 머리가 다시 자라기 시작했습니다.

블레셋 왕들이 자기들의 신 다곤에게 큰 제사를 드리기 위해 함께 모였습니다. 그들은 "우리의 신이 우리의 적인 삼손을 넘겨 주셨다."고 하며 즐거워했습니다. 블레셋 백성은 매우 즐거워하며 "삼손을 끌어내어 재주를 부리게 하자."라고 하면서 삼손을 감옥에서 끌어냈습니다. 삼손은 그들을 위해 재주를 부렸습니다. 블레셋 사람들은 삼손을 다곤 신전의 두 기둥 사이에 세워 놓았습니다. 한 노예가 삼손의 손을 붙잡고 있었는데, 삼손이 그 노예에게 "내 손으로 신전의 기둥을 만지게 해 다오. 그 기둥에 기대고 싶다."고 말했습니다.

그 신전은 남자와 여자로 가득 차 있었습니다. 블레셋의 모든 통치자들과 지붕 위에 있는 남자와 여자를 합하여 3,000명가량 있었습니다. 그들은 삼손이 재주를 부리는 모습을 보고 있었는데, 그때에 삼손이 여호와께 기도했습니다. "주 하나님, 저를 기억해 주십시오. 하나님, 저에게 한 번만 더 힘을 주십시오. 내 두 눈을 뽑아 버린 이 블레셋 사람들에게 원수를 갚게 해 주십시오."

그리고 삼손은 신전 가운데 있는 신전 전체를 받치고 있는 두 기둥 사이에 버티어 서 오른손으로 한 기둥을 잡고, 왼손으로는 다른 기둥을 붙잡고 말했습니다. "나는 이 블레셋 사람들과 함께 죽겠다!" 삼손이 있는 힘을 다해 몸을 굽혀 기둥을 밀어내자, 신전이 왕들과 그 안에 있던 모든 사람들 위로 무너져 내렸습니다. 이렇게 해서 삼손은 살아 있을 때보다도 죽을 때 더 많은 사람을 죽였습니다.

묵상과 기도

- 삼손처럼 '자기의 렌즈'가 없어지고 '하나님의 렌즈'로 바꾸어진 과거의 경험을 회상해 보십시오.
- 삼손은 죽음의 자리에 이르면서 회개하고 하나님께 진정으로 간청합니다. 그는 처음이자 마지막으로 "나의 주여! 여호와!"라고 부르며 이번 한 번만 더 자신을 강하게 해 달라고 요청합니다. 여기서 그는 자기 관점이 사라지고 하나님의 관점으로 초점이 명확해집니다. 즉, 육신의 눈은 잃었지만 영적인 눈이 열린 것입니다. 그는 죽어 가면서 하나님의 렌즈를 회복하여 마지막 순간에 구원자의 모습을 되찾은 사사로 회복됩니다.
- 하나님! 나의 눈을 열어 주의 뜻을 분별하게 하옵소서.

60

룻과 보아스의 첫 만남

(룻기 2 : 12)

"여호와께서 네가 행한 일에 보답하시기를 원하며 이스라엘의 하나님 여호와께서 그의 날개 아래에 보호를 받으러 온 네게 온전한 상 주시기를 원하노라 하는지라"

룻기 2 : 1~12

어느 날, 모압 여인인 룻이 시어머니 나오미에게 "밭에 나가게 해 주십시오. 혹시 친절한 사람을 만나게 되면, 그 사람이 밭에 떨어뜨린 이삭을 주워 오겠습니다."라고 말하자 나오미가 허락하였습니다.

밭으로 나간 룻은 곡식을 거두는 일꾼들을 따라다니며, 그들이 남긴 이삭을 주웠는데, 그 밭의 주인은 베들레헴에서 유력한 사람인 엘리멜렉 가문의 보아스라는 사람으로 나오미와 친척이었습니다.

보아스가 와서 일꾼들에게 "여호와께서 그대들과 함께 계시기를 비네!" 하고 인사하자, 일꾼들도 "여호와께서 주인님께 복 주시기를 빕니다!"라고 인사했습니다. 보아스는 일꾼들을 감독하는 종에게 "저 여자는 어느 집 여자인가?"라고 물었습니다. 그러자 그 종은 "저 여자는 나오미와 함께 모압 지방에서 온 모압 여자입니다. 일꾼들 뒤를 따라다니며 땅에 떨어진 이삭을 줍도록 해 달라고 했습니다. 그녀는 잠시 오두막에서 쉰 것 말고는 아침부터 지금까지 계속 이삭을 줍고 있습니다."라고 대답했습니다.

보아스는 룻에게 "여인이여, 이삭을 줍기 위해 다른 밭으로 가지 말고 여기에서 주우시오. 내 일꾼들 뒤만 따라다니시오, 그들이 가는 밭을 잘 보고 그 뒤를 따라 가시오. 나의 일꾼들에게 당신을 건드리지 말라고 일러두었소. 목이 마르거든 물 항아리 있는 곳으로 가서 일꾼들이 길어 온 물을 마시도록 하시오."라고 말했습니다.

그러자 룻이 얼굴을 땅에 대고 엎드려 절하며 "저는 이방 사람인데 어떻게 저 같은 사람에게 이런 은혜를 베푸시고 돌보아 주십니까?"라고 말하자, 보아스는 "나는 당신 남편이 죽은 뒤에 당신이 시어머니에게 한 일을 들었소. 또 당신이 당신 부모와 당신 나라를 떠나 아는 사람 하나 없는 이 나라로 온 것도 다 알고 있소. 여호와께서 당신이 한 일을 갚아 주실 것이오. 작은 새가 자기 어미 날개 아래로 피하듯이 당신이 여호와께 왔으니, 이스라엘의 주 하나님께서 당신에게 넉넉히 갚아 주실 것이오."라고 말했습니다.

룻기 2 : 1~12

묵상과 기도

- 이방 여인이며 과부인 룻을 돌보시고 후에 다윗의 증조할머니가 되게 하시는 하나님의 섭리를 묵상해 보십시오.
- 밭에 떨어진 이삭을 주워 오는 것은 가난한 사람과 외국인, 나그네와 고아와 과부를 돌보기 위한 것으로 모세 오경 안에 있는 이삭 처리법에 나타납니다. 그러므로 룻이 보아스 밭에서 이삭을 줍는 것은 그 당시 규례로 자연스러운 일입니다. 여기서 중요한 것은 하나님께서 보아스를 통해 어려움에 처한 나오미와 룻을 돌보게 하신 것입니다. 자기의 나라를 떠나 시어머니와 함께 하나님께로 온 효부 룻을 하나님께서 넉넉히 갚아 주실 것을 보아스를 통해서 또한 말하고 있습니다.
- 가난하고 홀로된 과부와 고아를 사랑하시고 돌보시는 하나님! 감사합니다. 우리들도 가난한 이웃과 홀로된 사람을 보살피시는 하나님의 통로가 되게 하옵소서.

61

하나님께 드려진 어린 사무엘

(사무엘상 1 : 27－28)

“이 아이를 위하여 내가 기도하였더니 내가 구하여 기도한 바를 여호와께서 내게 허락하신지라 그러므로 나도 그를 여호와께 드리되 그의 평생을 여호와께 드리나이다 하고 그가 거기서 여호와께 경배하니라”

한나가 아들을 낳고, 그의 이름을 '내가 여호와께 구하여 얻었다' 하여 사무엘이라고 하였습니다.

한나의 남편 엘가나가 온 가족과 함께 매년 드리는 제사와 서원제를 드리기 위하여 하나님의 성전이 있는 실로로 올라가려고 할 때 한나는 함께 가지 않겠다고 했습니다. 한나는 엘가나에게 "이 아이가 젖을 떼면, 이 아이를 데리고 여호와를 뵈러 가겠어요. 그리고 이 아이를 영원히 그곳에 있게 하겠어요.'라고 말했습니다. 그러자 엘가나는 "당신 생각에 좋을 대로 하시오. 아기가 젖을 뗄 때까지 집에 남아 있으시오, 여호와께서 말씀하신 대로 이루어 주시기를 바라오."라고 말했습니다. 그리하여 한나는 집에 남아 아들이 젖을 뗄 때까지 돌보았습니다.

사무엘이 젖을 뗀 후에 한나는 그 아들을 데리고 실로에 있는 하나님의 성전으로 갔습니다. 3년 된 수소와 밀가루 한 에바와 포도주 한 가죽 부대도 함께 가지고 가서 수소를 잡아 제물로 바치고 엘리 제사장에게 갔습니다. 한나는 엘리 제사장에게 "제사장님, 저는 제사장님 가까이에 서서 여호와께 기도드렸던 여자입니다. 저는 아이를 가지기 위해 기도드렸는데 하나님께서 제 기도를 들어주시고 이 아이를 저에게 주셨습니다. 이제 이 아이를 하나님께 다시 돌려 드립니다. 이 아이는 평생토록 여호와의 사람이 될 것입니다."라고 말했습니다. 그리고 어린 사무엘은 하나님의 성전에서 하나님께 예배드렸습니다.

묵상과 기도

- 기도로 얻은 자녀를 하나님의 집에서 살게 하는 하나님의 딸로서의 한나의 믿음과 어머니로서의 한나의 마음을 묵상해 보십시오.
- 사무엘이 젖을 뗀 후, 한나는 아들과 함께 실로로 순례의 길을 떠납니다. 한나는 아들을 보호해 주신 것에 대한 감사와 젖 뗀 아들을 위한 축제(창 21 : 8)로서 많은 제물을 바치고 실로에 있는 하나님 성전의 제사장 엘리에게 사무엘을 데리고 갑니다. 여기서 기도로 얻은 사무엘이 하나님께 예배드리게 되는데, 이때부터 그는 성전 소년으로 실로의 성전에서 살게 됩니다.
- 온 마음으로 간절하게 우리의 필요를 기도하게 하시는 하나님! 감사합니다. 그리고 우리의 이러한 기도를 들어 응답해 주시는 하나님을 찬양합니다. 기도로 하나님과 약속한 모든 것들을 지키는 축복도 허락하옵소서.

62

기름 부음 받은 사울

(사무엘상 10 : 1)

"이에 사무엘이 기름병을 가져다가 사울의 머리에 붓고 입맞추며 이르되 여호와께서 네게 기름을 부으사 그의 기업의 지도자로 삼지 아니하셨느냐"

베냐민 지파의 기스에게는 사울이라는 아들이 있었는데, 키가 크고 잘 생긴 젊은이였습니다. 어느 날 기스는 자기의 나귀들이 보이지 않자 아들 사울에게 종을 한 명 데리고 가서 나귀를 찾아오라고 했습니다. 사울은 종과 함께 나귀를 찾아 돌아다녔으나 찾지 못하자 종에게 그냥 돌아가자고 했습니다. 그러나 종은 하나님의 사람이 이 마을에 계시는데 그분이 말한 것은 모두 이루어지기 때문에 백성들이 그를 존경한다고 말하면서, 어쩌면 그 사람이 나귀를 찾아 줄지도 모른다고 답하였습니다.

사울과 그의 종은 마을로 가 예배 장소로 가던 중이던 사무엘을 만났습니다.

하나님께서는 사울이 오기 전날에 사무엘에게 "내일 이맘때쯤 내가 너에게 한 사람을 보낼 것이다. 그 사람은 베냐민 사람이다. 너는 그 사람에게 기름을 부어 내 백성 이스라엘을 다스릴 지도자로 삼아라. 그 사람은 내 백성을 블레셋 사람들에게서 구해 줄 것이다. 나는 내 백성의 고통을 보았고 그들의 부르짖는 소리를 들었노라."라고 말씀하셨습니다. 사무엘은 사울에게 3일 전에 잃어버린 나귀들은 이미 찾았으니 걱정하지 말라고 하면서 사울과 그의 종을 데리고 가서 가장 좋은 자리에 앉게 하고, 미리 준비한 요리를 가져오게 하여 함께 식사를 했습니다. 식사를 마친 후에 사무엘은 자기 집 지붕 위에서 사울과 함께 이야기를 하였습니다.

다음 날 새벽, 사울과 그의 종이 성을 나가기 전에 사무엘이 종을 먼저 보낸 후에 사울에게 "당신은 잠깐 서시오. 당신에게 하나님의 말씀을 전해 주겠소."라고 말한 후에, 기름병을 가져다가 사울의 머리에 기름을 부었습니다. 사무엘은 사울에게 "여호와께서 당신을 자기 백성 이스라엘의 지도자로 세우셨소. 당신은 여호와의 백성을 다스리게 될 것이오. 당신은 여호와의 백성을 이웃 나라 적들로부터 구해 내야 할 것이오."라고 말하며 지도자로 삼은 증거를 보이고 하나님이 도울 것이라 말하였습니다.

묵상과 기도

- 준비되지 않은 사울을 하나님의 백성의 지도자로 세우시는 하나님의 뜻을 깊이 묵상해 보십시오.
- 나귀를 찾기 위해 하나님의 사람 사무엘에게 간 사울이 본래 의도했던 것과는 전혀 다르게 백성의 지도자로 임명을 받습니다. 사무엘은 사울의 머리에 기름을 부음으로 신적인 권위와 함께 적으로부터 하나님의 백성을 구해 낼 수 있는 권한을 부여합니다.
- 왕을 원하는 이스라엘 백성에게 사울을 기름 부어 세우시는 하나님의 자비를 기억하게 하옵소서.

63

기름 부음 받은 다윗

(사무엘상 16 : 13)

"사무엘이 기름 뿔병을 가져다가 그의 형제 중에서 그에게 부었더니 이 날 이후로 다윗이 여호와의 영에게 크게 감동되니라 사무엘이 떠나서 라마로 가니라"

여호와께서 불순종한 사울을 버려 이스라엘 왕이 되지 못하게 하시고, 사무엘을 베들레헴 사람 이새에게로 보내시며 그의 아들 중에서 한 왕을 보았다고 말씀하셨습니다.

하나님이 명하신 대로 사무엘은 베들레헴에 가서 이새와 그의 아들들에게 여호와께 제사하러 왔으니 스스로 성결하게 하고 와서 제사하자고 했습니다. 사무엘이 이새의 아들들 가운데 엘리압을 보고 생각하였습니다. '틀림없이 여호와께서는 여기 서 있는 이 사람을 뽑으셨을 것이다.' 그러나 하나님께서는 사무엘에게 엘리압의 멋있는 모습과 키를 보지 말라고 하시면서 그를 뽑지 않았다고 하셨습니다. 하나님은 사무엘에게 "내가 보는 것은 사람이 보는 것과 같지 않다. 사람은 겉모양을 보지만, 나 여호와는 마음을 본다."고 말씀하셨습니다.

이새의 아들 중 일곱 명을 사무엘 앞으로 지나가게 했으나 하나님께서는 그들 중에서 뽑지 않으셨습니다. 사무엘이 이새에게 "여기에 있는 아들이 전부요?" 하고 묻자 이새는 "막내아들이 더 있습니다. 그 아이는 밖에서 양들을 돌보고 있습니다."라고 말했습니다. 사무엘이 그 아이를 불러오라고 하자 이새는 사람을 보내어 자기 막내아들을 불러오게 하였습니다. 이새의 막내아들은 살결이 불그스레하고 눈이 빛나는 잘생긴 소년 다윗이었습니다.

여호와께서 사무엘에게 "자! 바로 이 소년이다. 일어나 그에게 기름을 부어라." 하고 말씀하셨습니다.

사무엘은 기름이 든 그릇을 가지고 형제들이 보는 앞에서 이새의 막내아들에게 기름을 부었습니다. 그날부터 여호와의 영이 큰 힘으로 다윗에게 들어갔습니다. 이 일이 있은 후에 사무엘은 라마로 돌아갔습니다.

사무엘상 16 : 1~13

묵상과 기도

- 사무엘이 하나님의 지시대로 그의 일을 수행하는 것과 다윗을 왕으로 선택하시는 하나님을 묵상해 보십시오.
- 불순종한 사울 대신 다른 왕을 세우기 위하여 하나님은 사무엘을 베들레헴 사람 이새에게로 보내어 그의 아들들 가운데 하나를 선택하게 하십니다. 왕의 선택에서 하나님의 뜻은 사무엘의 개인적 감정과 다르게 나타납니다. 그렇지만 하나님의 사람 사무엘은 하나님의 명백한 지시에 의하여 왕을 선택하는 그의 임무를 수행하게 됩니다. 이새의 아들 가운데 막내 다윗이 나타나자 하나님께서 사무엘에게 "바로 이 소년이다. 일어나 그에게 기름을 부으라."고 말씀하십니다. 사무엘은 하나님의 말씀대로 다윗에게 기름을 붓습니다. 이로 인하여 하나님의 영이 다윗에게 임하여 하나님의 임재와 도우심으로 다윗의 모든 일이 형통하게 됩니다. 이 임무를 수행한 사무엘은 즉시 라마로 돌아갑니다.
- 하나님의 뜻대로 모든 일을 계획하시고 수행하시는 하나님을 사랑합니다. 사무엘처럼 하나님의 지시대로 일하는 사람이 되게 하옵소서. 다윗처럼 하나님의 임재와 도우심으로 모든 일이 주 안에서 형통하게 하옵소서.

64

골리앗을 이긴 다윗

(사무엘상 17 : 45)

"다윗이 블레셋 사람에게 이르되 너는 칼과 창과 단창으로 내게 나아오거니와 나는 만군의 여호와의 이름 곧 네가 모욕하는 이스라엘 군대의 하나님의 이름으로 네게 나아가노라"

사무엘상 17 : 40~51

다윗은 손에 막대기를 들고 시냇가에서 조약돌 다섯 개를 주워 주머니에 넣고 손에는 물매를 든 채 블레셋 사람 골리앗에게 나아갔습니다. 바로 그때, 블레셋 사람 골리앗도 다윗에게 다가오고 있었습니다. 골리앗은 다윗을 보고 살결이 불그스레하고 잘생긴 어린아이라는 것을 알고는 불쾌한 표정으로 다윗을 내려다보았습니다. 골리앗이 다윗에게 "막대기를 가지고 오다니 너는 내가 개인 줄 아느냐?"라고 말하면서 자기 신들의 이름을 들먹이며 다윗을 저주하였습니다.

골리앗이 다윗에게 "이리 오너라. 내가 네 몸을 공중의 새와 들짐승들에게 먹이로 줄 것이다."라고 말하자, 다윗이 골리앗에게 "너는 나에게 칼과 큰 창과 작은 창을 가지고 나아오지만, 나는 만군의 하나님 여호와의 이름으로 너에게 간다. 여호와는 이스라엘 군대의 하나님이시다. 너는 여호와께 욕을 했다. 오늘 여호와께서는 너를 나에게 주실 것이다. 나는 너를 죽여 너의 머리를 벨 것이며, 블레셋 군인들의 몸을 공중의 새와 들짐승들에게 먹이로 줄 것이다. 그렇게 하여 이스라엘에 하나님이 계시다는 것을 온 세상이 알게 할 것이다. 여기 모인 모든 사람들에게 여호와께서는 자기 백성을 구하시기 위하여 칼이나 창을 쓰실 필요가 없다는 것을 알게 할 것이다. 싸움은 여호와의 것이다. 하나님께서 우리가 너희 모두를 물리쳐 이기도록 도와주실 것이다."라고 말했습니다.

골리앗이 다윗을 공격하기 위하여 가까이 왔을 때, 다윗도 재빨리 골리앗을 향해 달려가면서 물매로 돌을 던졌습니다. 그 돌이 날아가 골리앗의 이마를 맞혔습니다. 골리앗은 앞으로 고꾸라졌습니다. 다윗은 달려가서 골리앗을 밟고 골리앗의 칼을 꺼내어 그것으로 골리앗을 죽이고 골리앗의 머리를 베었습니다. 블레셋 사람들은 자기 대장이 죽은 것을 보고 뒤로 돌아 달아났습니다.

묵상과 기도

- 완전 무장된 골리앗 앞에서 손에 막대기와 돌만 들고 서 있는 다윗을 상상해 보십시오.
- 하나님께 욕을 하는 골리앗을 향하여 다윗은 하나님의 이름과 더불어, 하나님의 이름 안에서 싸우러 나갑니다. 그러나 골리앗은 자신이 누구와 싸우는지를 전혀 예상하지 못했기 때문에 다윗에게 겨우 막대기를 가지고 오느냐고 말합니다. 다윗은 하나님께서 전쟁에서조차도 하나님의 신적인 능력으로 승리하실 것을 믿고 담대하게 하나님의 이름으로 골리앗에게 돌을 던져 넘어지게 합니다.
- 다윗과 같은 믿음을 우리에게도 주옵소서. 믿음으로 하나님의 이름 안에서 승리하는 삶을 살게 하옵소서.

65

다윗의 노래

(시편 1 : 2)

"오직 여호와의 율법을 즐거워하여 그의 율법을 주야로 묵상하는도다"

시편 1편

복 있는 사람은
악인들의 꾀를 따르지 아니하며
죄인들의 길에 서지 아니하며
오만한 자들의 자리에 앉지 아니하고
오직 여호와의 율법을 즐거워하여
그의 율법을 주야로 묵상하는도다
그는 시냇가에 심은 나무가 철을 따라 열매를 맺으며
그 잎사귀가 마르지 아니함 같으니
그가 하는 모든 일이 다 형통하리로다
악인들은 그렇지 아니함이여 오직 바람에 나는 겨와 같도다
그러므로 악인들은 심판을 견디지 못하며
죄인들이 의인들의 모임에 들지 못하리로다
무릇 의인들의 길은 여호와께서 인정하시나
악인들의 길은 망하리로다

묵상과 기도

- 나는 복 있는 사람인지 혹은 불행한 사람인지 묵상해 보십시오.
- 시편 1편은 시편에 수록된 150편, 전체 내용을 관통하는 중심 사상을 밝히고 있습니다. 이 시의 구조는 행복으로 시작하여 멸망으로 끝을 맺는데 이는 이 시 속에 인생의 가장 근본적인 문제가 다 들어 있음을 의미합니다. 특별히 1편에서 인생의 공통된 문제인 행복과 불행의 문제를 신앙 안에서 언급하고 있습니다. 복 있는 자는 하나님의 율법을 즐거워하여 주야로 묵상함으로 모든 일이 형통하지만, 불행한 자는 악인들의 꾀를 따르며 죄인들의 길에 서고, 오만한 자리에 앉으므로 멸망으로 치닫는 사람들입니다.
- "하나님, 주의 말씀이 어찌 그리 달고 오묘한지요!" 라고 고백하며 하나님을 찬양하는 복 있는 사람 되게 하옵소서.

66

다윗과 요나단의 이별

(사무엘상 20 : 42)

"요나단이 다윗에게 이르되 평안히 가라 우리 두 사람이 여호와의 이름으로 맹세하여 이르기를 여호와께서 영원히 나와 너 사이에 계시고 내 자손과 네 자손 사이에 계시리라 하였느니라 하니 다윗은 일어나 떠나고 요나단은 성읍으로 들어가니라"

사무엘상 19~20장

요나단은 다윗을 매우 아꼈으나, 요나단의 아버지인 사울 왕은 다윗을 죽이라고 명령했습니다. 그러자 요나단은 다윗에게 자신의 아버지 사울이 다윗을 죽일 기회를 찾고 있다고 알려 주었습니다.

요나단이 아버지 사울에게 "다윗이 왜 죽어야 합니까? 다윗이 대체 무슨 잘못을 했습니까?"라고 묻자 사울은 창을 요나단에게 던져 죽이려고 하였습니다. 요나단은 자기 아버지가 다윗을 정말로 죽이려고 한다는 것을 알고 마음이 상했습니다.

다음 날 아침에 요나단은 다윗을 만나기 위해 미리 약속했던 들로 어린아이를 데리고 나갔습니다. 그곳에서 요나단은 아이에게 "달려가서 내가 쏘는 화살을 찾아오너라."라고 말했습니다. 아이가 달려가자, 요나단이 아이의 앞쪽으로 화살을 쏘았으므로 아이는 화살이 떨어진 곳을 향하여 달려갔습니다. 요나단은 아이 뒤에서 "화살이 네 앞쪽에 있지 않느냐?"라고 말하고 "서둘러서 빨리 뛰어가거라. 머뭇거리면 안 된다."라고 외쳤습니다. 아이는 화살을 주워 자기 주인에게 가지고 돌아왔습니다. 아이는 이 모든 일이 무슨 뜻인지를 알지 못했지만, 요나단과 다윗은 그 뜻을 알고 있었습니다.

요나단이 자기 무기를 아이에게 주면서 마을로 돌아가라고 하자 아이가 떠났습니다. 그러자 다윗이 바위의 남쪽에서 나와 땅에 머리를 대고 요나단에게 세 번 절을 하였습니다. 다윗과 요나단은 서로 입을 맞추며 함께 우는데, 다윗이 더욱 심하게 울었습니다.

요나단이 다윗에게 "평안히 가게. 우리는 여호와의 이름으로 맹세하였네. 여호와께서 자네와 나 사이에, 그리고 우리의 자손들 사이에 영원한 증인이시네."라고 말했습니다. 이 일 후에 다윗은 떠났고, 요나단은 마을로 돌아갔습니다.

묵상과 기도

- 사울의 아들 요나단과 다윗 사이의 관계를 묵상해 보십시오.
- 사울 왕에게 그의 아들 요나단이 "다윗을 왜 죽여야 합니까?"라고 묻자 왕은 창을 아들에게 던졌는데, 이때 요나단은 아버지가 다윗을 죽이기로 결심한 것을 압니다. 그래서 요나단은 다윗이 도망하여 목숨을 구할 수 있게 합니다. 요나단과 다윗은 약속되었던 들에서 다시 한 번 만나 마음껏 포옹하면서 감정을 표출합니다. 두 사람은 여기서 서로 간에 맹세한 일, 즉 후손들에게 야훼의 이름으로 맹세한 서로 간의 의무를 확인합니다.
- 아버지의 원수를 생명처럼 사랑하는 요나단의 마음을 우리에게도 허락하옵소서. 이웃과 더불어 하나님의 이름으로 약속한 것들을 지키게 하옵소서.

67

이스라엘 왕이 된 다윗

(사무엘하 5 : 4-5)

"다윗이 나이가 삼십 세에 왕위에 올라 사십 년 동안 다스렸으되 헤브론에서 칠 년 육 개월 동안 유다를 다스렸고 예루살렘에서 삼십삼 년 동안 온 이스라엘과 유다를 다스렸더라"

사무엘하 5 : 1~5

이스라엘의 모든 지파들이 헤브론에 있는 다윗에게 왔습니다.

그들은 다윗에게 말했습니다.

"왕이시여, 우리는 당신의 집안사람들입니다. 전에 사울이 우리 왕이었을 때에도 당신은 이스라엘을 위해 싸움터에서 우리를 이끈 분이었습니다. 여호와께서는 당신에게 '너는 내 백성 이스라엘을 위한 목자가 될 것이다. 너는 그들의 통치자가 될 것이다.' 라고 말씀하셨습니다."

또한 이스라엘의 모든 장로들이 헤브론에 있던 다윗에게 왔습니다.

헤브론에서 다윗은 여호와 앞에서 그들과 언약을 맺었으며, 그들은 다윗에게 기름을 부어 이스라엘의 왕으로 삼았습니다.

다윗이 나이 서른 살에 왕위에 올라 40년 동안을 다스렸는데, 헤브론에서 7년 반 동안 유다의 왕으로 있었고, 예루살렘에서 33년 동안 온 이스라엘과 유다의 왕으로 있었습니다.

묵상과 기도

- 하나님께서 다윗을 이스라엘과 유다 백성의 왕으로 세우신 섭리를 묵상해 보십시오.
- 다윗이 헤브론에서 통치할 때는 예루살렘이 아직도 가나안 사람들의 도시였습니다. 그리고 예루살렘에서 다윗이 통치한 33년의 시간은 이스라엘의 역사와 종교가 근본적으로 형성된 시기였습니다. 다윗은 하나님의 백성을 다스리는 왕과 통치자, 그리고 목자로서 하나님 앞에서 그 임무를 수행하였습니다.
- 하나님의 백성을 사랑하시어 통치자와 목자를 세우시는 하나님! 감사합니다. 하나님 백성을 향한 하나님의 풍성하신 은혜와 섭리를 늘 느끼게 하옵소서.

68

다윗 왕의 범죄

(사무엘하 11 : 4)

"다윗이 전령을 보내어 그 여자를 자기에게로 데려오게 하고 그 여자가 그 부정함을 깨끗하게 하였으므로 더불어 동침하매 그 여자가 자기 집으로 돌아가니라"

사무엘하 11 : 1~5

왕들이 전쟁터로 출전할 때가 되자, 다윗은 자기 종인 요압과 모든 이스라엘 사람들을 전쟁터로 보냈습니다. 그들은 암몬 사람들을 무찌르고 랍바 성을 공격했습니다.

그러나 다윗은 예루살렘에 머물러 있었습니다.

어느 날 저녁에 다윗 왕이 침대에서 일어나 왕궁의 지붕 위를 거닐다가 한 여인이 목욕을 하고 있는 것을 보았습니다. 그 여인은 매우 아름다웠습니다.

다윗은 자기 종들을 보내어 그 여인이 누구인지 알아보게 했습니다.

한 종이 "그 여자는 엘리암의 딸 밧세바로서 헷 사람 우리아의 아내입니다."라고 대답하였습니다.

다윗은 사람들을 보내어 밧세바를 데려오게 했습니다.

밧세바가 오자, 다윗 왕은 그 여인과 동침을 하였습니다.

다윗 왕과 동침한 후에 여자는 자기 집으로 돌아갔는데, 이 일로 밧세바가 임신을 하였습니다.

묵상과 기도

- 하나님이 함께하는 다윗이 기혼녀 밧세바를 사모하여 범죄하는 상황을 상상하면서 인간의 연약성을 깊이 묵상해 보십시오.
- 암몬과의 전쟁이 초여름쯤 시작되었는데, 이때 다윗은 예루살렘에 머물면서 나라를 다스렸습니다. 그러던 어느 날 다윗은 산책하다가 목욕하는 한 여자를 보게 됩니다. 다윗은 그 여자가 이미 결혼한 여자라는 것을 알게 되지만, 그 여자 밧세바를 데려오게 하여 동침합니다.
- 마음에 있는 모든 것을 허락해 주시는 하나님! 감사합니다. 그럼에도 불구하고 하나님께와 사람에게 범죄할 수밖에 없는 연약한 저희들을 불쌍히 여겨 주옵소서.

69

지혜로운 재판

(열왕기상 3 : 24－25)

“칼을 내게로 가져오라 하니 칼을 왕 앞으로 가져온지라 왕이 이르되 산 아이를 둘로 나누어 반은 이 여자에게 주고 반은 저 여자에게 주라”

열왕기상 3 : 16~28

어느 날, 창녀 두 명이 솔로몬 왕에게 왔습니다. 그중 한 여자가 솔로몬 왕에게 말했습니다. "내 주여, 이 여자와 나는 한 집에서 살고 있는데, 내가 아이를 낳았습니다. 내가 아이를 낳은 지 3일 만에 이 여자도 아이를 낳았습니다. 우리는 함께 있었고, 우리 두 사람 말고는 아무도 집에 없었는데, 어느 날 밤에 자기 아이를 깔고 자는 바람에 아이가 죽어 버리자 이 여자는 내가 잠든 사이에 내 아들을 데려가고 자기의 죽은 아이를 내 품에 뉘여 놓았습니다. 아침이 되어 내 아들에게 젖을 먹이려고 보니, 아이가 이미 죽어 있었는데, 자세히 봤더니 그 아이는 내 아이가 아니었습니다."

그러자 다른 여자가 "아니다. 살아 있는 아이가 내 아들이고, 죽은 아이가 당신 아들이다."라고 말했습니다. 첫 번째 여자도 이에 질세라 "아니다. 죽은 아이가 당신 아들이고, 살아 있는 아이가 내 아들이다."라고 말하였습니다. 이처럼 두 여자가 각자 살아 있는 아이가 자기의 아들이라고 다투었습니다.

솔로몬 왕은 신하들에게 칼을 가져오게 한 후에 "살아 있는 아이를 둘로 나누어라. 그래서 두 여자에게 반쪽씩 나누어 주어라."라고 판결을 했습니다.

그러자 살아 있는 아이의 진짜 어머니는 자기 아들을 위하는 마음이 불붙듯 일어나서 왕에게 "내 주여, 제발 그 아이를 죽이지 말고 저 여자에게 주십시오."라고 말했습니다. 그러나 다른 여자는 "우리 둘 가운데서 아무도 그 아이를 가지지 못하게 그냥 나누어 주십시오."라고 말했습니다.

두 여인의 반응을 본 솔로몬 왕이 "아이를 죽이지 마라. 그 아이를 첫 번째 여자에게 주어라. 저 여자가 진짜 어머니다."라고 말했습니다.

솔로몬 왕이 하나님의 지혜로 재판한다는 것을 알게 된 이스라엘 백성들은 왕을 두려워했습니다.

묵상과 기도

- 하나님께서 솔로몬에게 준 지혜를 깊이 묵상해 보십시오.
- 법적인 분쟁을 해결하지 못한 백성들이 왕 앞에서 직접 재판을 받는 일이 고대 이스라엘을 비롯한 여러 근동 국가들에 있었습니다. 창기인 두 여인이 한 아이를 놓고 서로 자기 아이라고 주장하자 그곳에 있는 제사장들도 분명한 결정을 내릴 수가 없었던 것 같습니다. 그래서 이 문제가 솔로몬 왕에게까지 이르러 왕의 지혜로운 판단으로 진짜 어머니를 분별해 냅니다.
- 지혜의 근원이신 하나님이시여! 우리에게도 지혜를 주시어 범사에 하나님의 뜻을 분별하게 하옵소서.

70

여호와의 성전을 건축하다

(열왕기상 7 : 51)

"솔로몬 왕이 여호와의 성전을 위하여 만드는 모든 일을 마친지라 이에 솔로몬이 그의 아버지 다윗이 드린 물건 곧 은과 금과 기구들을 가져다가 여호와의 성전 곳간에 두었더라"

이스라엘이 애굽에서 나온 지 480년이요, 솔로몬이 왕으로 즉위한 지 4년 둘째 달에 성전을 짓기 시작해서 7년 만에 성전이 완성되었습니다. 성전은 길이가 육십 규빗, 너비가 이십 규빗, 높이가 삼십 규빗이었습니다.* 성전을 짓는 데 필요한 돌은 채석장에서 다듬어서 가져옴으로 쇠 연장으로 작업하는 소리가 성전에서 들리지 않았습니다. 솔로몬은 백향목 서까래와 널빤지로 성전 지붕을 덮었습니다. 이렇게 하여 성전 짓는 일을 다 마쳤습니다.

여호와께서 솔로몬에게 "네가 이 성전을 건축하였도다. 이제 내 모든 율법과 계명을 잘 지켜라. 그러면 내가 네 아버지 다윗에게 약속했던 것을 너에게 이루어 주겠다. 나는 이스라엘 자손과 더불어 살 것이며 결코 이스라엘 백성을 저버리지 않을 것이다."라고 말씀하셨습니다.

솔로몬은 여호와의 언약궤를 놓아 둘 지성소와 성소 안을 순금으로 입혔고 지성소 안에 올리브 나무로 두 그룹을 만들어 금으로 입혔습니다. 지성소와 성소의 모든 벽에는 그룹과 종려나무와 꽃 모양을 새겨 넣고, 두 방의 마루도 모두 금으로 입혔습니다.

성전 현관 앞에 두 기둥을 세웠는데, 동쪽에 세운 기둥은 '하나님이 세우다' 라는 뜻의 '야긴' 이라 하고, 북쪽의 기둥은 '그에게 힘이 있다' 라는 뜻의 '보아스' 라고 불렀습니다.

성전 건축을 완공한 솔로몬은 자신의 왕궁을 건축하면서 동시에 두 놋 기둥과 놋 바다, 물두멍과 받침 등 성전에 필요한 성물들을 제작하게 했습니다. 그리고 금 제단과 금상, 순금 등잔대, 금 꽃장식과 등잔, 불집게, 순금 잔, 심지 다듬는 집게, 작은 그릇, 향로, 불 옮기는 접시 등을 금으로 만들게 했습니다.

여호와의 성전을 완공한 솔로몬 왕은 그의 아버지 다윗이 거룩하게 구별하여 하나님께 드린 은과 금과 여러 기구들을 성전으로 가져가서 성전의 창고에 넣어 두었습니다. 또한 이스라엘의 모든 지도자들을 부르고 제사장과 레위 사람들이 여호와의 궤와 회막과 그 안에 있는 거룩한 물건들을 옮겨와 성전과 지성소 안에 두었습니다.

솔로몬은 여호와의 제단 앞에서 하늘을 향해 손을 펴고 하나님께 "성전에서, 혹은 성전이 있는 쪽을 향하여 기도하거든 주는 하늘에서 그들의 기도를 들으시고 그들을 도와주십시오."라고 기도했습니다.

기도를 마친 솔로몬은 여호와의 제단 앞에서 일어서서 이스라엘 백성들을 축복하며 "여러분은 우리의 주 하나님 여호와께 복종하십시오. 주님의 모든 율법과 계명을 지키십시오."라고 말했습니다.

솔로몬 왕과 온 이스라엘 백성들이 여호와께 제사를 드렸으며, 여호와께서 베풀어 주신 온갖 은혜로 말미암아 기뻐했습니다.

* 성전의 크기는 대략 길이 32m, 너비 10m, 높이 16m이다(1규빗은 52cm).

묵상과 기도

- 성전 건축이 하나님과 하나님 백성 사이에 주는 의미를 묵상해 보십시오.
- 솔로몬이 하나님의 성전을 건축한 후에, 하나님께서 "이제 내 모든 율법과 계명을 잘 지켜라. 그러면 내가 네 아버지 다윗에게 약속했던 것을 너에게 이루어 주겠다. 나는 이스라엘 자손과 더불어 살 것이며, 결코 이스라엘 백성을 저버리지 않을 것이다."라고 약속하셨습니다. 그리고 솔로몬은 하나님께 "성전에서, 혹은 성전이 있는 쪽을 향하여 기도하거든 주는 하늘에서 그들의 기도를 들으시고 그들을 도와주십시오."라고 기도했습니다.
- 주의 백성을 부르시어 주의 전을 짓게 하시는 하나님! 감사합니다. 주의 얼굴을 주의 전에 늘 향하시어 주의 백성들의 기도를 들어주옵소서.

71

스바 여왕의 방문

(열왕기상 10 : 8-9)

"복되도다 당신의 사람들이여 복되도다 당신의 이 신하들이여 항상 당신 앞에 서서 당신의 지혜를 들음이로다 당신의 하나님 여호와를 송축할지로다 여호와께서 당신을 기뻐하사 이스라엘 왕위에 올리셨고 여호와께서 영원히 이스라엘을 사랑하시므로 당신을 세워 왕으로 삼아 정의와 공의를 행하게 하셨도다"

스바의 여왕이 솔로몬의 명성을 듣고 솔로몬을 시험해 보기 위하여 어려운 문제를 가지고, 많은 신하들과 함께 예루살렘에 왔습니다. 이때 향료와 보석과 금을 실은 낙타도 매우 많았습니다.

스바의 여왕이 솔로몬 왕에게 마음속에 있는 것을 말하자 솔로몬 왕은 여왕의 질문에 빠짐없이 대답해 주었습니다. 그래서 여왕은 솔로몬이 매우 지혜롭다는 것을 깨달았습니다. 여왕은 솔로몬이 지은 왕궁과 솔로몬의 식탁 위에 놓인 음식, 솔로몬의 신하들과 왕궁 관리들, 그들이 차려 입은 옷, 식탁에서 시중드는 종들의 모습, 그리고 솔로몬이 여호와의 성전에서 드리는 번제를 보고 너무나 놀랐습니다.

여왕이 솔로몬 왕에게 "내 나라에서 들은 왕의 업적과 지혜에 대한 소문이 사실이군요. 거기에서는 믿을 수 없었는데, 여기에 와서 내 눈으로 보니 듣던 것보다도 더 놀랍군요. 왕의 지혜와 부유함은 내가 듣던 것보다 훨씬 뛰어납니다. 언제나 왕을 섬기면서 왕의 지혜를 들을 수 있는 왕의 백성과 신하들은 행복할 것입니다. 왕의 하나님 여호와를 찬양합니다. 여호와께서는 당신을 좋아하셔서 이스라엘의 왕좌에 앉히셨습니다. 여호와께서는 언제나 이스라엘을 사랑하십니다. 그래서 당신을 왕좌에 앉게 하시고 정의를 지키면서 공평하게 다스리도록 하셨습니다."라고 말했습니다.

스바의 여왕은 솔로몬 왕에게 금 120달란트와 많은 향료와 보석을 주었습니다. 솔로몬 왕도 스바의 여왕에게 많은 선물을 주었으며 여왕이 갖고 싶어하는 것과 달라는 것을 다 주었습니다. 그 후 여왕은 신하들과 함께 자기 나라로 돌아갔습니다.

묵상과 기도

- 솔로몬의 지혜를 묵상하고, 그의 명성을 상상해 보십시오.
- 스바 여왕은 솔로몬 왕을 방문하여 그의 지혜에 놀랍니다. 그리고 솔로몬의 하나님 여호와를 송축하면서 이스라엘 백성을 영영히 사랑하시는 하나님께서 솔로몬을 세워 왕으로 삼고 공과 의를 행하게 하셨다고 말합니다.
- 지혜와 지식의 근원이신 하나님! 우리에게도 솔로몬에게 주신 것과 같은 지혜를 허락하옵소서.

72

솔로몬의 불순종

(열왕기상 11 : 30－31)

“아히야가 자기가 입은 새 옷을 잡아 열두 조각으로 찢고 여로보암에게 이르되 너는 열 조각을 가지라 이스라엘의 하나님 여호와의 말씀이 내가 이 나라를 솔로몬의 손에서 찢어 빼앗아 열 지파를 네게 주고”

느밧의 아들 여로보암은 큰 용사로서 솔로몬 왕의 신하였습니다. 솔로몬은 여로보암이 일을 잘하는 것을 알고 에브라임과 므낫세 지파의 일꾼들을 감독하는 일을 맡겼습니다.

어느 날 여로보암이 예루살렘을 떠나 다른 곳으로 가는 길에 실로 사람인 예언자 아히야를 만났습니다. 들판에는 두 사람 외에는 아무도 없었습니다. 그런데 갑자기 아히야가 입고 있던 새 옷을 찢어 열두 조각으로 나눈 다음 여로보암에게 "열 조각은 당신이 가지시오. 이스라엘의 하나님 여호와께서 말씀하셨소. '내가 솔로몬에게서 그 나라를 빼앗겠다. 그래서 열 지파는 여로보암에게 주겠다. 그러나 한 지파는 내 종 다윗과 내가 선택한 예루살렘 성을 위해서 솔로몬에게 남겨 줄 것이다.'"라고 말했습니다.

하나님께서 아히야를 통해 이렇게 하신 까닭은 솔로몬이 하나님을 버리고 시돈 사람의 신 아스다롯과 모압 사람의 신 그모스와 암몬 사람의 신 밀곰을 섬겼기 때문입니다. 솔로몬은 하나님의 말씀을 듣지 않았고, 율법과 계명을 지키지도 않았으며, 그의 아버지 다윗을 본받아 살지도 않았습니다. 그러나 하나님께서는 하나님의 종 다윗이 계명과 규례를 지킨 것을 생각하여 솔로몬이 살아 있는 동안에는 그의 나라를 빼앗지 않고 왕으로 있게 해 주겠지만 그의 아들로부터 그 나라를 빼앗고 한 지파만을 남겨 주겠다고 말씀하셨습니다.

하나님께서는 예언자를 통해 말씀하셨습니다. "여로보암아, 나는 너를 선택하여 네가 원하는 모든 것을 다스릴 수 있도록 할 것이다. 너는 온 이스라엘을 다스리는 왕이 될 것이다. 내가 보기에 옳은 일을 하기만 하면, 나는 너와 함께하겠다. 너는 내 명령을 지켜라. 다윗처럼 내 율법과 계명을 지키면 너와 함께해 주겠다. 다윗에게 해 준 것처럼 네 집안을 왕의 집안에서 끊이지 않게 하겠다. 이스라엘을 너에게 주겠다."

묵상과 기도

- 하나님으로부터 지혜를 받고 부귀영화를 누렸던 솔로몬이 하나님을 떠나 다른 신을 섬기는 과정과 그 결과를 묵상해 보십시오.
- 예언자 아히야가 여로보암을 만나 입고 있던 옷을 열두 조각으로 나누어 열 조각을 주면서 하나님께서 이스라엘 열 지파를 그에게 다스리도록 하신다고 말합니다. 그 이유는 솔로몬이 이방신을 섬기며 하나님의 율법과 계명을 지키지 않았기 때문입니다.
- 일평생 동안 하나님과 동행하는 삶을 살게 하옵소서.

73

여로보암

(열왕기상 13 : 4－5)

“여로보암 왕이 하나님의 사람이 벧엘에 있는 제단을 향하여 외쳐 말함을 들을 때에 제단에서 손을 펴며 그를 잡으라 하더라 그를 향하여 편 손이 말라 다시 거두지 못하며 하나님의 사람이 여호와의 말씀으로 보인 징조대로 제단이 갈라지며 재가 제단에서 쏟아진지라”

여로보암은 북쪽 이스라엘의 왕이 된 후에 자기 백성들이 남쪽 예루살렘에 있는 여호와의 성전으로 제사를 드리러 올라갔다가 유다 왕 르호보암에게 돌아갈 것이라고 스스로 생각했습니다.

그래서 여로보암은 두 금송아지를 만들고 그 송아지들이 이스라엘 백성들을 애굽 땅에서 인도한 신들이라고 말했습니다. 그 송아지를 벧엘과 단에 두고 레위 자손이 아닌 사람을 제사장으로 세우고, 절기도 자기 마음대로 정한 후에 벧엘에 쌓은 제단에 올라가서 제사를 드렸습니다.

그때에 하나님의 명령을 받은 하나님의 사람이 그곳에 도착하였습니다.

하나님의 사람이 그 제단을 향하여, 여호와의 말씀으로 "제단아, 제단아! 여호와께서 너에게 이렇게 말씀하셨다. '다윗의 집안에 요시야라는 아들이 태어날 것이다. 그는 네 위에서 제사를 드리고 있는 산당의 제사장들을 네 위에 제물로 바칠 것이며 인간의 뼈를 네 위에서 태울 것이다.'"라고 외치며 그 증거로 그 제단은 갈라지고, 그 위의 재는 땅에 쏟아질 것이라고 말했습니다.

그러자 여로보암은 제단 위에서 손을 뻗어 하나님의 사람을 가리키며 "저놈을 잡아라!" 하고 소리쳤습니다.

그런데 왕이 내밀었던 팔이 마비되어 움직이지를 않았습니다. 곧이어 제단이 갈라지고, 그 모든 재가 땅에 쏟아졌습니다. 하나님의 사람이 말한 증거대로 이루어졌습니다.

여로보암 왕이 하나님의 사람에게 "나를 위해 그대의 하나님 여호와께 기도해 주시오. 제발 내 팔을 고쳐 달라고 기도해 주시오."라고 부탁했습니다. 하나님의 사람이 하나님께 기도드리자, 왕의 팔이 나았습니다.

왕이 하나님의 사람에게 함께 집에 가서 음식을 먹자고 청하면서 선물을 주고 싶다고 말하자, 하나님의 사람이 왕에게 "왕과 함께 갈 수 없습니다. 왕이 나라의 절반을 준다 해도 갈 수 없습니다. 이곳에서는 아무것도 먹거나 마실 수 없습니다. 여호와께서 나에게 아무것도 먹거나 마시지 말라고 명령하셨습니다. 그리고 내가 온 길로 되돌아가지도 말라고 명령하셨습니다."라고 대답한 후에 다른 길로 갔습니다.

열왕기상 12 : 25~13 : 9

묵상과 기도

- 여로보암이 하나님께 죄를 범하는 양상들을 묵상해 보십시오.
- 여로보암이 벧엘과 단에 금송아지 우상을 만들어 백성들이 그곳에 가서 숭배하게 하고, 보통 사람을 제사장으로 삼아 하나님의 율법을 어기고, 각 지역마다 산당을 만드는 죄를 하나님께 범합니다. 그러나 여로보암이 이에 대해 별로 신경을 쓰지 않고 벧엘 성소에서 분향할 때, 유다에서부터 온 하나님의 사람이 열왕기상 13 : 2~3의 예언을 합니다. 이 예언을 들은 여로보암이 손을 펴서 항거하자, 그 편 손이 마비되었지만 하나님의 사람이 기도하여 그 손이 낫게 되었습니다.
- 사랑과 자비가 무한하신 하나님! 죄로부터 벗어나도록 도와주옵소서.

74

하나님의 뜻을 따라 숨어 지내는 엘리야

(열왕기상 17 : 5－6)

“그가 여호와의 말씀과 같이 하여 곧 가서 요단 앞 그릿 시냇가에 머물매 까마귀들이 아침에도 떡과 고기를, 저녁에도 떡과 고기를 가져왔고 그가 시냇물을 마셨으나”

열왕기상 17 : 1~7

엘리야는 디셉 사람으로 길르앗 땅에 살고 있었습니다.

어느 날 엘리야는 아합 왕에게 "나는 이스라엘의 하나님 여호와를 섬깁니다. 여호와의 살아 계심을 두고 맹세하지만, 내가 다시 명령하기까지 앞으로 몇 년 동안 비나 이슬이 내리지 않을 것입니다."라고 말했습니다.

그 후에 하나님께서 엘리야에게 "여기를 떠나 동쪽으로 가서 요단 강 동쪽에 있는 그릿 시냇가에 숨고 그곳의 시냇물을 마셔라. 내가 까마귀들을 시켜 네게 먹을 것을 가져다주겠다."라고 말씀하셨습니다.

엘리야는 하나님이 명령하신 대로 요단 강 동쪽에 있는 그릿 시냇가로 가서 살았습니다.

하나님께서는 까마귀들을 통해 아침에 빵과 고기를 가져다주었고, 저녁에도 빵과 고기를 가져다주어 엘리야로 하여금 먹게 하였습니다. 그리고 엘리야는 그곳의 시냇물을 마셨습니다.

땅에 비가 내리지 않자, 얼마 뒤에 그 시냇물도 말라 버렸습니다.

묵상과 기도

- 하나님 말씀에 불순종하여 바알과 아세라를 섬기고 예배하는 아합 왕과 이세벨을 상상해 보십시오. 그리고 하나님의 뜻을 예언한 후, 숨어 지내는 엘리야를 상상해 보십시오.
- 바알을 숭배하는 아합 왕과 이세벨에 맞서서 하나님의 뜻을 바르게 전달하기 위해 하나님께서 엘리야를 보내셨습니다. 엘리야는 바알을 신으로 간주하여 예배하던 아합 왕과 많은 이스라엘 백성들에게 몇 년 동안 비나 이슬이 내리지 않을 것이라고 예언했습니다. 이러한 예언은 아합 왕과 이스라엘 백성들에게 정면으로 도전하는 것이었습니다. 왜냐하면 바알은 농사를 짓고 비를 적당히 제공하여 풍요를 허락하는 신으로 간주되었기 때문입니다. 게다가 엘리야는 오직 야훼 하나님만 비를 주시고, 가뭄도 만드는 분이며, 늘 살아 계셔서 이스라엘을 주관하시는 분임을 선포했습니다. 이런 예언을 한 후에 하나님께서 아합 왕을 피해 요단 강 근처 그릿 시냇가로 엘리야를 보내어 까마귀들을 통해 먹을 것을 제공하고 시내에서 물을 마시게 합니다.
- 불순종으로 우상을 숭배하는 이들까지 버리지 아니하시는 하나님! 하나님의 크신 자비와 긍휼에 감사를 드립니다. 하나님이 보내신 사람의 말을 경청하여 순종하게 하옵소서.

75

빵을 대접한 사르밧 과부

(열왕기상 17 : 14)

"이스라엘의 하나님 여호와의 말씀이 나 여호와가 비를 지면에 내리는 날까지 그 통의 가루가 떨어지지 아니하고 그 병의 기름이 없어지지 아니하리라 하셨느니라"

열왕기상 17 : 8~16

하나님께서 엘리야에게 "너는 일어나 시돈에 속한 사르밧으로 가서 거기 머물라. 내가 그곳 과부에게 명령하여 네게 음식을 주게 하겠다."라고 말씀하셨습니다.

엘리야는 일어나 사르밧으로 갔습니다. 그가 성문으로 들어설 때에 한 과부가 땔감을 줍고 있었습니다. 엘리야가 그 여인에게 "마실 물을 한 그릇만 떠다 주시오."라고 말했습니다. 그 과부가 물을 가지러 가려고 할 때, 엘리야가 "빵도 조금만 가져다주시오."라고 또 말했습니다.

그러자 그 여인은 "당신의 하나님 여호와께서 살아 계심을 두고 맹세하지만 나에게는 빵이 없습니다. 항아리에 밀가루가 조금 있고 기름병에 기름이 조금 있을 뿐입니다. 이곳에 땔감을 주우려고 왔는데 땔감을 주워 집에 가져가서 나와 내 아들이 죽기 전에 마지막으로 먹을 음식을 준비하려던 참이었습니다."라고 대답했습니다.

엘리야는 "걱정하지 마시오. 집으로 가서 당신이 말한 대로 음식을 준비하시오. 그러나 먼저 조그마한 빵을 만들어서 나에게 가져오시오. 그리고 나서 당신과 당신 아들이 먹을 것을 준비하시오. 이스라엘 하나님 여호와께서 말씀하셨소. '나 여호와가 이 땅에 비를 내리기까지 그 항아리의 밀가루가 결코 떨어지지 않을 것이며 병의 기름도 떨어지지 않을 것이다.'"라고 말했습니다.

그 여인은 집으로 돌아가서 엘리야의 말대로 행했습니다. 하나님의 말씀대로 그 항아리의 밀가루와 병에 있는 기름이 떨어지지 않았고, 엘리야와 여자와 그의 아들은 날마다 음식을 넉넉하게 먹었습니다.

묵상과 기도

- 하나님의 말씀에 그대로 순종하는 엘리야를 묵상해 보십시오.
- 하나님의 말씀대로 국가적인 가뭄이 들었는데, 이때에 그릿 시냇가로 피신하여 하나님께서 까마귀를 통해 제공하는 떡과 고기를 먹고, 시냇물을 마시던 엘리야에게 다시 하나님의 말씀이 임했습니다. 엘리야에게 일어나서 시돈에 속한 사르밧에 사는 한 과부에게 가서 음식을 제공받으라고 말씀하신 것입니다. 이 명령을 받은 엘리야는 극한 가난으로 단지 통에 가루 한 움큼과 병에 기름 조금 있는 과부로부터 음식을 대접받는데, 이를 통해 하나님께서 예언하신 대로 과부와 그 아들은 그 땅에 비가 내릴 때까지 부족함이 없이 넉넉하였습니다.
- 엘리야처럼 하나님의 말씀에 순종하는 영을 허락하옵소서.

76

참하나님

(열왕기상 18 : 37－38)

"여호와여 내게 응답하옵소서 내게 응답하옵소서 이 백성에게 주 여호와는 하나님이신 것과 주는 그들의 마음을 되돌이키심을 알게 하옵소서 하매 이에 여호와의 불이 내려서 번제물과 나무와 돌과 흙을 태우고 또 도랑의 물을 핥은지라"

엘리야가 백성 앞에 서서 "여러분은 언제까지 바알과 여호와 두 사이에서 머뭇거리고 있으렵니까? 여호와가 참하나님이시면 여호와를 따르고 바알이 참하나님이면 바알을 따르십시오."라고 말했습니다. 그러나 백성은 아무 말도 하지 않고 잠잠히 있었습니다.

엘리야가 소 두 마리를 가져와 바알의 예언자들과 자신이 한 마리씩 골라 소를 잡고, 장작 위에 올려놓은 후에 불을 지피지 않고 각자가 섬기는 신께 기도해서 불을 내리시는 신이 참하나님이라고 제안하자 모든 백성이 그렇게 하는 것이 좋겠다고 말했습니다.

바알의 예언자들이 소 한 마리를 잡아 준비해 놓고 아침부터 한낮이 될 때까지 바알에게 기도했으나 아무런 응답도 없었습니다. 그들은 자신들이 만든 제단을 돌며 춤을 추고 더 큰 소리로 기도하며, 저녁때까지 미친 듯이 날뛰었으나 아무런 대답도, 움직임도 보이지 않았습니다.

이제 엘리야가 모든 백성을 불러 모으고 여호와의 제단을 쌓았습니다. 이스라엘 열두 지파 수에 따라 돌 열두 개를 준비하여 여호와를 위해 제단을 쌓고 그 둘레에 작은 도랑을 팠습니다.

엘리야는 소를 잡아 제단의 장작 위에 올려놓은 다음 항아리 네 개에 물을 가득 채워서 제물과 장작 위에 세 번이나 물을 붓게 했습니다. 그러자 그 물이 넘쳐흘러 제단 둘레의 도랑을 가득 채웠습니다.

저녁 제사를 드릴 때에 엘리야가 제단 앞으로 나아가 "하나님, 제 기도를 들어주소서. 여호와께서 하나님이시라는 것을 이 백성들이 알게 하소서. 주님이야말로 이 백성을 주께로 돌아오게 하시는 분이라는 것을 알게 하소서." 하고 하나님께 기도했습니다. 그러자 여호와의 불이 하늘에서 내려와 제물과 장작과 제단 둘레의 돌과 흙을 태우고 도랑의 물을 말려 버렸습니다.

모든 백성이 그 모습을 보고 땅에 엎드려 "여호와 그는 하나님이시다! 여호와 그는 하나님이시다!"라고 외쳤습니다.

엘리야가 "바알의 예언자들을 붙잡으시오! 한 사람도 도망가지 못하게 하시오!" 라고 말했습니다. 백성들이 예언자들을 다 붙잡자, 엘리야가 그들을 기손 시냇가로 끌고 가서 다 죽였습니다.

묵상과 기도

- 갈멜 산에서 바알 예언자들과 싸우는 엘리야를 묵상해 보십시오.
- 갈멜 산에서 엘리야는 바알 예언자들과 싸워 승리함으로 그들 모두를 시냇가에서 죽입니다. 이 승리를 두 가지로 볼 수 있겠습니다. 첫째, 이 승리는 이세벨에 의해 죽어 간 야훼 예언자들을 생각하며 복수한 것으로 볼 수 있겠으나, 사실 이를 넘어서서 나라의 미래를 신앙적으로 바로 세우려는 개혁의 의지를 뜻합니다. 둘째, 이 승리는 하나님의 백성들이 하나님만을 섬기는 백성들로 돌아서게 하기 위해 악의 뿌리들을 제거하려는 엘리야의 용단으로 볼 수 있습니다.
- 우리나라를 하나님만 섬기는 국가와 백성들이 되게 하옵소서.

77

하늘로 올라가는 엘리야

(열왕기하 2 : 11)

"두 사람이 길을 가며 말하더니 불수레와 불말들이 두 사람을 갈라놓고 엘리야가 회오리바람으로 하늘로 올라가더라"

여호와께서 엘리야를 회오리바람에 실어 하늘로 데려가려고 하셨습니다. 그때에 엘리야와 엘리사는 길갈에 있었습니다. 엘리야가 엘리사에게 "여기에 남아 있어라. 여호와께서 나에게 벧엘로 가라고 말씀하셨다."라고 말했습니다. 그러자 엘리사는 "여호와의 살아 계심과 선생님의 살아 계심을 두고 맹세합니다. 저는 결코 선생님을 떠나지 않겠습니다."라고 대답했습니다. 그래서 그들은 함께 벧엘로 갔습니다. 벧엘에 있는 예언자의 무리가 엘리사에게 와서 "여호와께서 오늘 당신의 선생님을 하늘로 데려가실 것을 알고 있습니까?"라고 묻자 엘리사는 "그렇소, 알고 있소. 아무 말도 하지 마시오."라고 대답했습니다.

또다시 엘리야가 엘리사에게 "여기에 남아 있어라. 여호와께서 나를 여리고로 보내셨다."라고 말하였습니다. 이에 엘리사가 "여호와의 살아 계심과 선생님의 살아 계심을 두고 맹세합니다. 저는 결코 선생님을 떠나지 않겠습니다."라고 전과 같이 대답하자, 두 사람은 함께 여리고로 갔습니다.

여리고에서도 예언자들이 엘리사에게 "하나님께서 엘리야를 데려가실 것을 알고 있느냐?"고 묻자 엘리사는 "알고 있으니 아무 말도 하지 말라."고 하였습니다.

그러자 엘리야가 이번에도 엘리사에게 남아 있으라고 하면서 하나님께서 엘리야를 요단 강으로 보내신다고 말하자, 엘리사가 이번에도 떠나지 않겠다고 하였기 때문에 두 사람은 함께 요단 강으로 갔습니다.

엘리야가 자기 겉옷을 벗어 둘둘 말아 강물을 치니 강물이 양쪽으로 갈라졌고, 두 사람은 마른 땅 위로 강을 건넜습니다.

엘리야가 엘리사에게 "나를 네게서 데려감을 당하기 전에 내가 네게 어떻게 할지를 구하라."고 권하자 엘리사는 "당신의 성령이 하시는 역사가 갑절이나 내게 있게 하소서." 하고 구했습니다. 엘리야는 "나를 네게서 데려가시는 것을 네가 보면 그 일이 네게 이루어지려니와"라고 응답합니다. 그때 불수레와 불말들이 나타나 두 사람을 갈라놓았고, 엘리야가 회오리바람을 타고 하늘로 올라갔습니다.

묵상과 기도

- 엘리야의 승천을 상상해 보십시오. 그리고 엘리야와 엘리사 사이의 대화를 묵상해 보십시오.
- 엘리야가 떠나는 마지막 순간에 엘리사가 요구한 갑절의 영감은 엘리야를 승천시키시는 하나님에 의하여 가능한 것입니다. 그래서 엘리야는 엘리사에게 "나를 네게서 데려가시는 것을 네가 보면 그 일이 네게 이루어지리라."고 말한 것입니다. 엘리야가 승천한 방법은 회오리바람(하나님의 현현의 모습을 뜻하기도 한다.)을 타고 승천한 것이었으며 '불수레와 불말들'은 엘리야와 엘리사 사이를 떼어 놓는 역할을 하였습니다.
- 엘리야에게 임했던 하나님의 능력이 우리에게도 임하게 하옵소서.

78

이세벨 왕비의 죽음

(열왕기하 9 : 36－37)

"……여호와께서 그 종 디셉 사람 엘리야를 통하여 말씀하신 바라 이르시기를 이스르엘 토지에서 개들이 이세벨의 살을 먹을지라 그 시체가 이스르엘 토지에서 거름같이 밭에 있으리니 이것이 이세벨이라고 가리켜 말하지 못하게 되리라 하셨느니라 하였더라"

그 후, 예후가 이스르엘에 돌아왔을 때에 이세벨이 그 소식을 들었습니다. 이세벨은 눈에 화장을 하고 머리를 손질한 뒤에 창밖을 내다보았습니다. 예후가 성문으로 들어오자 이세벨이 "자기 주인을 죽인 너 시므리야! 평안하냐?" 하고 말했습니다.

예후가 창문을 쳐다보며 "내 편에 설 사람이 아무도 없느냐?"라고 말하자 내시 두세 사람이 밖을 내다보았습니다. 예후가 그들에게 "저 여자를 내던져라!" 명령하자 그들이 이세벨을 내던졌고, 말들이 그 시체를 밟았습니다. 이세벨의 피가 담과 말에 튀었습니다.

예후는 집으로 들어가서 먹고 마신 뒤에 "그 저주받은 여자가 어떻게 되었는지 보고 묻어 주어라. 그래도 그 여자는 왕의 딸이다."라고 말했습니다. 사람들이 이세벨을 묻어 주러 갔지만 이세벨의 시체를 찾을 수가 없었습니다. 찾아낸 것은 두골과 발과 손바닥뿐이었습니다.

그들이 돌아와서 예후에게 보고하자 예후가 "여호와께서 그의 종 디셉 사람 엘리야를 통해 이 일에 대해 말씀하신 일이 있다. '개들이 이세벨의 시체를 이스르엘 땅에서 먹을 것이며, 이세벨의 시체는 이스르엘 땅에 있는 밭의 거름처럼 될 것이다. 그러므로 아무도 그 시체를 보고 이것이 이세벨이라고 말할 수 없을 것이다.'"라고 말했습니다.

묵상과 기도

- 이세벨의 최후를 묵상해 보십시오.
- 예후는 바알 종교를 척결한 종교개혁가로 예후 왕조의 합법성을 인정받지만 지속적인 하나님을 위한 종교활동은 찾아볼 수 없었습니다. 엘리야를 통해 이세벨의 죽음을 예언한 것이 예후 통치 기간에 이루어지는데, 예후에 의하여 이세벨이 창밖으로 던져져 말이 시체를 밟아 피가 담에 묻혀집니다.
- 주님이 부르시는 날까지 주의 백성으로 살게 하옵소서.

79

아합 왕의 죽음

(열왕기상 22 : 37－38)

“왕이 이미 죽으매 그의 시체를 메어 사마리아에 이르러 왕을 사마리아에 장사하니라 그 병거를 사마리아 못에서 씻으매 개들이 그의 피를 핥았으니 여호와께서 하신 말씀과 같이 되었더라 거기는 창기들이 목욕하는 곳이었더라”

이스라엘의 아합 왕과 유다의 여호사밧 왕이 아람 군대와 싸우기 위해 길르앗 라못으로 갔습니다. 아합 왕이 여호사밧 왕에게 "나는 변장을 하고 싸움터에 갈 테니, 왕은 왕의 옷을 입으십시오."라고 말한 후에 변장을 하고 싸움터로 갔습니다.

아람의 왕은 32명의 전차 지휘관에게 "너희들은 높은 사람이든지 낮은 사람이든지 다른 사람과는 싸우지 말고 오직 이스라엘의 왕하고만 싸워라."라고 명령했습니다. 이 지휘관들이 여호사밧을 보고 이스라엘의 왕인 줄 알고 달려들 때에 여호사밧이 소리를 질렀습니다. 그때에야 그 지휘관들은 그가 아합이 아니라는 것을 알고 여호사밧을 뒤쫓지 않았습니다.

한편 어떤 군인이 화살을 쏘았는데, 그 화살이 우연히 아합 왕의 갑옷 틈새를 뚫고 몸에 꽂혔습니다. 아합 왕이 전차를 모는 군인에게 "전차를 돌려서 이 싸움터에서 빠져나가거라. 내가 다쳤다."라고 말했습니다. 그러나 싸움은 하루 종일 계속되었으며, 아합 왕은 전차 안에서 겨우 버티고 서서 아람 사람들과 싸웠습니다. 그러다가 저녁 때에 숨을 거두었습니다. 상처에서 흘러나온 피가 전차 바닥에 고였습니다.

해질 무렵에 이스라엘 군대 안에서 "각자 자기 성으로 돌아가거라. 각자 자기 고향으로 돌아가거라."라고 외치는 소리가 들렸습니다. 아합 왕의 시체는 사마리아로 옮겨져서 거기에 묻혔습니다. 사람들이 아합의 전차를 사마리아의 연못에서 씻었는데 개들이 와서 아합의 피를 핥았습니다. 그 연못은 창녀들이 목욕하는 곳이었습니다. 모든 일이 여호와께서 말씀하신 대로 이루어졌습니다.

묵상과 기도

- 미가야를 통해 예언한 하나님의 말씀(왕상 22 : 15-28 참고)이 이루어지는 장면을 상상하고 이에 대해 묵상해 보십시오.
- 이스라엘 왕 아합과 유다 왕 여호사밧이 예언자 미가야의 예언을 무시하고 아람과 싸우기 위해 길르앗 라못으로 갔습니다. 아합 왕은 보통 군인의 모습으로 변장하고, 여호사밧 왕은 왕복을 입었으므로 여호사밧을 이스라엘 왕으로 간주하여 아람 병거 지휘관들이 공격하려 했습니다. 그러자 여호사밧이 자기는 이스라엘 왕이 아니라고 소리 질렀습니다. 병거 지휘관들이 더 이상 그를 공격하지 않았지만, 전쟁터의 다른 곳에서 어느 아람 군사가 우연히 쏜 화살이 아합의 갑옷 솔기에 적중합니다. 이러한 일은 야훼의 예언이 성취된 것을 증거합니다.
- 하나님의 말씀을 땅에 떨어지지 않게 하시는 신실하신 하나님! 감사합니다. 하나님의 말씀을 늘 경청하게 하옵소서.

80

기름을 채워 주신 하나님

(열왕기하 4 : 5-6)

"여인이 물러가서 그의 두 아들과 함께 문을 닫은 후에 그들은 그릇을 그에게로 가져오고 그는 부었더니 그릇에 다 찬지라 여인이 아들에게 이르되 또 그릇을 내게로 가져오라 하니 아들이 이르되 다른 그릇이 없나이다 하니 기름이 곧 그쳤더라"

선지자의 제자들 중, 한 사람의 아내가 엘리사에게 와서 말하기를 "선생님의 종인 내 남편이 죽었습니다. 선생님도 아시듯이 내 남편은 여호와를 잘 섬기던 사람이었습니다. 그런데 내 남편이 죽자, 빚쟁이가 찾아와 내 두 아들을 데려다가 종으로 삼으려 하고 있습니다."라고 하였습니다.

엘리사가 그 여인에게 "내가 어떻게 하는 것이 도움이 되겠소? 당신 집에 무엇이 있는지 알려 주시오."라고 말했습니다. 그 여인은 "가진 것이라고는 기름 한 병이 전부입니다."라고 대답했습니다.

그러자 엘리사는 "이웃 사람들에게 가서 빈 그릇을 있는 대로 빌려 오시오. 그릇을 조금 빌리지 말고 많이 빌리시오. 그리고 당신은 두 아들만 데리고 집에 들어가서 문을 닫으시오. 그런 다음, 빌려 온 항아리마다 기름을 부어 채워지는 대로 옮겨 놓으시오."라고 말했습니다.

여인은 돌아가서 아들들만 데리고 집으로 들어가 문을 닫고, 아들들이 빈 그릇을 가져오면 거기에 기름을 부었습니다.

그릇마다 기름이 가득 차게 되자, 여인은 아들에게 "다른 그릇을 가져오너라."라고 말했습니다. "이제는 그릇이 더 없습니다."라고 아들이 대답하자 기름이 더 이상 나오지 않았습니다.

이 사실을 엘리사에게 가서 알려 주자 엘리사가 말했습니다. "가서 기름을 팔아 빚을 갚으시오. 당신과 당신의 아들들은 남은 것을 가지고 살아갈 수 있을 것이오."

묵상과 기도

- 엘리사를 찾아간 두 아이의 어머니인 과부의 믿음을 묵상해 보십시오.
- 엘리사 제자의 아내인 과부가 빚 때문에 자녀가 종으로 끌려가야 하는 고통을 겪고 있을 때, 하나님의 사람 엘리사에게 부르짖습니다. 그러자 엘리사가 "너를 위하여 어떻게 하랴?" 하면서 집에 있는 것이 무엇인지 말하라고 얘기합니다. 과부가 한 병의 기름 외에는 아무것도 없다고 말하자, 엘리사는 밖에 나가 이웃에게 빈 그릇을 많이 빌려와서 두 아들과 함께 문을 닫고, 그 모든 빈 그릇에 기름을 부어서 차는 대로 옮겨 놓으라고 명합니다. 그러자 여인이 엘리사가 말한 그대로 한 후, 빈 그릇이 없어지자 기름도 그쳤습니다. 이 사실을 그 과부에게 들은 엘리사는 기름을 팔아 빚을 갚고 남은 것으로 생활하라고 말합니다.
- 일상의 삶 속에 하나님의 사람을 보내 주셔서 보살피시는 하나님! 감사합니다.

81

고침 받은 나아만 장군

(열왕기하 5 : 14)

"나아만이 이에 내려가서 하나님의 사람의 말대로 요단 강에 일곱 번 몸을 잠그니 그의 살이 어린아이의 살같이 회복되어 깨끗하게 되었더라"

아람 왕의 군대 장관인 나아만은 왕이 사랑하고 아끼던 사람이었습니다. 왜냐하면 여호와께서 그를 통해 아람이 승리하게 하셨기 때문입니다. 그는 강하고 용감한 사람이었지만 문둥병에 걸려 있었습니다.

나아만의 아내의 시중을 드는 이스라엘에서 잡혀 온 한 소녀가 있었는데, 그 소녀가 나아만의 아내에게 "주인님이 사마리아에 사는 예언자를 단나 보시면 좋겠습니다. 그 예언자는 주인님의 병을 고칠 수 있을 것입니다."라고 말했습니다.

이 이야기를 전해 들은 나아만 장군이 아람 왕에게 그 소녀의 말을 전하자 아람 왕은 이스라엘 왕에게 나아만의 문둥병을 고쳐 달라는 편지를 써 주며 나아만을 이스라엘로 보냈습니다.

나아만이 은 10달란트가량과 금 6,000세겔과 옷 열 벌을 가지고 이스라엘의 왕을 찾아가서 아람 왕의 편지를 전했습니다. 그 편지를 읽은 이스라엘 왕은 자기 옷을 찢으며 "나는 하나님이 아니다. 내가 어떻게 사람을 죽이기도 하고 살리기도 하겠느냐? 아람 왕이 싸울 구실을 찾으려고 이런 일을 꾸민 것이 틀림없다."라고 말했습니다. 이 소식을 들은 엘리사가 왕에게 사람을 보내어 나아만을 자기에게 보내라고 하였습니다.

엘리사는 자기 집 문밖에 와 있는 나아만에게 사람을 보내어 요단 강에 가서 일곱 번 씻으면 그의 병이 고침을 받을 것이라고 전하게 했습니다.

그러자 나아만은 화를 내며 "나는 적어도 엘리사가 밖으로 나와 내 앞에 서서 그의 주 하나님의 이름을 부르며, 병든 자리에 손을 얹고 문둥병을 고칠 줄 알았다. 다메섹에 있는 아바나 강이나 바르발 강이 이스라엘에 있는 어떤 강보다 좋지 않느냐?"고 말하면서 발길을 돌리려 하자 그의 종들이 그를 만류했습니다.

그래서 나아만이 엘리사의 말대로 요단 강에 몸을 일곱 번 담그자 그의 살결이 마치 어린아이의 살결처럼 깨끗해지고 병이 나았습니다.

나아만은 엘리사에게로 되돌아가서 "온 땅 가운데서 하나님이 계시는 곳은 오직 이스라엘밖에 없다는 것을 이제야 알았소. 부디 내 선물을 받아 주시오."라고 말했습니다. 그러나 엘리사가 하나님께 맹세하며 선물을 받지 않자 나아만이 엘리사에게 "그러시다면 나에게 나귀 두 마리에 실을 수 있는 분량의 흙을 주시오. 이제부터 불에 태워 드리는 제물인 번제물이나 그 밖의 제물을 바칠 때는 다른 신들에게 바치지 않고 오직 여호와께만 바치겠소."라고 말했습니다.

묵상과 기도

- 병든 나아만을 상상하면서 그를 향한 하나님의 섭리 안에서 그의 행동들을 깊이 묵상해 보십시오.
- 나병환자이며 군대 장관인 나아만이 엘리사에 관한 소문을 듣고 스스로 엘리사를 찾아갔으나 요단 강가에 몸을 담그라는 엘리사의 태도에 화가 났음에도 불구하고 그의 부하의 충고를 듣고 엘리사의 명령에 순종합니다. 병이 나은 후, 나아만은 예의를 갖추었을 뿐만 아니라 하나님을 믿겠다는 신앙고백과 결단을 합니다.
- 주의 말씀에 순종하는 사람의 질병을 고치시는 하나님! 감사합니다. 우리의 질병도 고침을 받을 수 있도록 믿음을 더해 주옵소서.

82

하나님의 말씀을 듣고 슬퍼한 왕

(열왕기하 22 : 13)

“너희는 가서 나와 백성과 온 유다를 위하여 이 발견한 책의 말씀에 대하여 여호와께 물으라 우리 조상들이 이 책의 말씀을 듣지 아니하며 이 책에 우리를 위하여 기록된 모든 것을 행하지 아니하였으므로 여호와께서 우리에게 내리신 진노가 크도다”

열왕기하 22장

여덟 살에 왕이 된 요시야는 31년 동안, 예루살렘에서 다스리며 하나님이 보시기에 정직하게 행하였습니다.

그가 왕이 된 지 18년째 되던 해에 므술람의 손자요, 아살리야의 아들인 왕의 서기관 사반에게 "너는 대제사장 힐기야에게 올라가서 백성이 여호와의 성전에 드린 돈을 계산하여 성전을 맡은 감독자에게 주고, 그 돈으로 하나님의 성전을 수리하도록 하라."고 명령했습니다.

대제사장 힐기야는 왕의 서기관 사반에게 성전에서 발견한 율법 책을 전해 주었습니다. 사반은 그 책을 읽고 요시야 왕에게 책을 읽어 주었습니다.

왕은 율법 책의 말씀을 듣고 자기 옷을 찢었습니다. 그리고 제사장 힐기야와 사반의 아들 아히감과 미가야의 아들 악볼과 서기관 사반과 왕의 조언자 아사야에게 "가서 나와 모든 백성과 온 유다를 위하여 지금 발견된 이 책의 말씀에 대해 여호와의 뜻을 여쭈어 보도록 하시오. 우리 조상이 이 책의 말씀에 복종하지 않았기 때문에 우리를 향한 여호와의 분노가 너무나 크오. 우리 조상은 우리가 지켜야 할 것을 적어 주신 이 책의 말씀대로 따라 살지 않았소."라고 명령했습니다.

그리하여 제사장 힐기야와 아히감과 악볼과 사반과 아사야가 여자 예언자 훌다에게 가서 여호와의 뜻을 여쭈어 보았습니다. 훌다는 그들에게 "유다의 왕에게 전하시오. 이스라엘의 하나님 여호와께서 이렇게 말씀하셨소. '너는 이곳과 여기에 사는 백성에 대한 내 말, 곧 그들이 저주를 받아 멸망할 것이라는 말을 듣고 내 앞에서 뉘우치는 마음과 겸손한 모습을 보였다. 너는 너무나 슬퍼서 네 옷을 찢었으며 내 앞에서 흐느꼈다. 나는 네 기도를 들어주겠다. 이것은 나 여호와의 말씀이다. 그러므로 나는 너를 평안히 죽게 하여 너의 조상들의 묘실에 묻히게 하겠다. 너는 내가 이곳에 내릴 온갖 재앙을 네 눈으로 보지 않게 될 것이다.'"라고 말했습니다. 그들은 왕에게 돌아가서 이 말을 전했습니다.

묵상과 기도

- 하나님의 말씀을 경청하여 회개에 이르는 요시야의 행적과 축복을 묵상해 보십시오.
- 요시야는 성전 수리를 통해서 율법 책을 발견한 후 율법 책에 기록된 하나님의 말씀을 듣고 하나님의 말씀에 순복할 뿐만 아니라 회개하는 왕이었습니다. 이로 인하여 행동의 변화가 되어 종교개혁까지 이어지게 되었습니다. 요시야의 종교개혁에도 불구하고 유다는 결국 멸망합니다.
- 우리의 삶을 말씀을 통하여 변화시키시는 능력의 하나님! 감사합니다. 요시야와 같은 종교개혁이 오늘날 우리를 통하여서도 이루어지게 하옵소서.

83

예루살렘의 멸망

(열왕기하 25 : 9-11)

"여호와의 성전과 왕궁을 불사르고 예루살렘의 모든 집을 귀인의 집까지 불살랐으며 시위대장에게 속한 갈대아 온 군대가 예루살렘 주위의 성벽을 헐었으며 성 중에 남아 있는 백성과 바벨론 왕에게 항복한 자들과 무리 중 남은 자는 시위대장 느부사라단이 모두 사로잡아 가고"

열왕기하 25 : 1~21

시드기야가 왕이 되어 다스린 지 9년째 되는 해에 바벨론 왕 느부갓네살이 군대를 이끌고 예루살렘으로 쳐들어왔습니다. 느부갓네살은 성 주위를 에워싸고 흙 언덕을 성 둘레에 쌓았습니다. 예루살렘 성은 시드기야가 왕으로 있은 지 11년째 되던 해까지 포위되어 있었는데, 그해 넷째 달 9일이 되자 성 안에 기근이 심해짐으로 백성들은 먹을 것을 구할 수가 없었습니다. 그리고 그때에 성벽도 뚫리고 말았습니다.

시드기야와 그의 군대는 밤중에 성을 빠져나와 아라바 길로 도망쳤으나 여리고 평야에서 바벨론 군대에 의해서 붙잡혔습니다.

바벨론 왕이 시드기야가 보는 앞에서 그의 아들들을 죽이고, 그의 눈을 뺀 뒤 쇠사슬로 묶어 바벨론으로 끌고 갔습니다.

바벨론의 느부갓네살 왕의 경호대장인 느부사라단의 지휘 아래 바벨론 군대가 여호와의 성전과 왕궁에 불을 지르고 예루살렘의 모든 집을 불태웠으며, 예루살렘의 성벽을 헐고 이스라엘 백성들을 사로잡아 갔습니다.

또한 여호와의 성전에 있는 놋 기구들과 금과 은으로 만든 성전의 기구들을 다 가져갔습니다. 경호대장이 가져간 놋은 너무 많아서 무게를 달 수 없을 정도였습니다.

경호대장이 대제사장 스라야와 그 아래 제사장 스바냐와 문지기와 성 안에 남아 있던 60여 명을 붙잡아 립나에 있는 바벨론 왕에게 끌고 갔으며 바벨론 왕은 그들을 죽였습니다.

이와 같이 유다 백성은 죽임을 당하기도 하고, 포로가 되어 바벨론으로 끌려가게 되었습니다.

묵상과 기도

- 이방 나라 바벨론으로 하여금 예루살렘 성전을 파괴시키시는 하나님의 섭리를 묵상해 보십시오.
- 바벨론 왕 느부갓네살은 요시야의 아들 맛다니야를 왕으로 임명하여 그 왕명을 시드기야로 불렀습니다. 바벨론에 의하여 주전 586년에 예루살렘이 함락되어 성벽과 성전, 그리고 왕궁을 불태웠고 왕을 비롯한 지도층과 지주들이 바벨론에 포로로 잡혀갔습니다. 바벨론 군대가 예루살렘 성전에서 탈취한 많은 성전 기물들이 바벨론으로 옮겨졌는데, 이와 같이 유다가 멸망하게 된 원인은 사회 전반에 걸쳐 자행된 죄악과, 무죄한 자의 피를 흘리고 우상숭배와 야훼 하나님을 믿는 종교를 혼합종교로 만든 죄 때문입니다.
- 하나님의 성전을 하나님의 말씀으로 지키는 민족이 되게 하옵소서.

84

이사야 선지자

(이사야 53 : 4－6)

"그는 실로 우리의 질고를 지고 우리의 슬픔을 당하였거늘 우리는 생각하기를 그는 징벌을 받아 하나님께 맞으며 고난을 당한다 하였노라 그가 찔림은 우리의 허물 때문이요 그가 상함은 우리의 죄악 때문이라 그가 징계를 받으므로 우리는 평화를 누리고 그가 채찍에 맞으므로 우리는 나음을 받았도다 우리는 다 양 같아서 그릇 행하여 각기 제 길로 갔거늘 여호와께서는 우리 모두의 죄악을 그에게 담당시키셨도다"

하나님의 백성들이 하나님을 배반하고 북쪽 앗수르를 따르거나 남쪽 애굽을 의지하며 점을 치고, 이방인의 풍습을 따랐습니다. 또한 하나님의 공의를 무시하고 가난한 백성들을 짓밟았습니다. 유다의 죄악을 보신 하나님께서 그들을 심판하시려고 일어섰습니다.

"내가 누구를 보내며 누가 우리를 위하여 갈까?" 하시는 하나님의 말씀을 들은 이사야는 "제가 여기에 있습니다. 저를 보내십시오."라고 응답했습니다. 하나님은 이사야 선지자를 통하여 유다와 이스라엘의 죄악에 대해 심판을 선언할 뿐만 아니라 앗수르와 바벨론, 블레셋과 모압, 구스와 애굽, 그리고 에돔과 두로가 하나님의 심판으로 멸망되고 황폐화될 것을 선포하셨습니다(사 1-39장).

하나님께서는 이사야를 통하여 이스라엘 백성의 영적 각성을 촉구하며, 위로와 소망의 말씀도 선포하셨습니다(사 40-66장). "나의 종 너 이스라엘아 내가 택한 야곱아 나의 벗 아브라함의 자손아 내가 땅 끝에서부터 너를 붙들며 땅 모퉁이에서부터 너를 부르고 네게 이르기를 너는 나의 종이라 내가 너를 택하고 싫어하여 버리지 아니하였다 하였노라 두려워하지 말라 내가 너와 함께 함이라 놀라지 말라 나는 네 하나님이 됨이라 내가 너를 굳세게 하리라 참으로 너를 도와주리라 참으로 나의 의로운 오른손으로 너를 붙들리라"(사 41 : 8-10).

하나님께서 이사야에게 하나님의 영을 부으시고, 기름을 부으셔서 가난한 자에게 아름다운 소식을 전하게 하셨습니다. 마음이 상한 사람을 위로하고, 포로에게 자유를, 갇힌 사람에게 해방을 선포하게 하셨습니다. 또한 심판의 날을 선포하심으로 슬퍼하는 모든 사람을 위로하게 하시며 시온에서 슬퍼하는 사람들에게 재를 뿌리는 대신 왕관을 씌워 주고, 슬픔 대신 기쁨의 기름을 발라 주며, 절망 대신 찬양의 옷을 입혀 주실 것이라고 말씀하셨습니다(사 61 : 1-3).

한편 하나님은 우리 인간의 죄악을 담당할 속건 제물로서 고난 받는 종, 예수 그리스도의 탄생과 예수 그리스도의 고난을 통한 구원의 성취를 이사야를 통하여 예언하셨습니다(사 53장).

이사야 1~66장

묵상과 기도

- 이사야 선지자를 깊이 묵상해 보십시오.
- 웃시야 왕 때부터 히스기야 왕 때까지 유다와 예루살렘에 관한 하나님의 이상을 본 이사야는 예루살렘을 무대로 예언 활동을 시작합니다. 국가적 위기 속에서 유다 왕실 및 백성과 함께한 이사야는 하나님의 심판의 불가피성과 그 심판 너머에 있는 하나님 백성의 영광스런 미래를 선포합니다. 바벨론 포로로 고통을 당하는 하나님의 백성을 위로하는 말씀으로 그들에게 희망의 메시지를 선포합니다. 또한 역사의 주인이신 하나님의 능력에 의해 포로로 잡혀간 이스라엘 백성들이 다시 고국으로 귀환할 수 있다는 기쁜 소식을 전파합니다. 이러한 회복은 하나님의 무조건적인 은혜와 구원에 의해서 가능한데, 이는 이스라엘 백성을 향한 하나님의 지극한 사랑임을 강조합니다. 여기에서 하나님의 종의 사상이 나오는데, 이는 많은 사람의 죄악을 담당하며 의인이었지만 악인과 함께 취급을 받고 결국은 죽음에까지 이르며, 하나님께서 이 종을 높이 들어서 지극히 존귀하게 하신다는 것을 선포하였습니다. 신약의 관점에서 이는 죄인을 위해 십자가를 지신 예수님으로 간주됩니다.
- 하나님께 죄를 범한 백성들을 멸망으로부터 다시 일으켜 세워 주시는 하나님! 감사합니다. 하나님의 조건 없는 은혜와 사랑에 늘 감격하면서 살게 하옵소서.

85

눈물의 선지자 예레미야

(예레미야 4 : 19－20)

“슬프고 아프다 내 마음속이 아프고 내 마음이 답답하여 잠잠할 수 없으니 이는 나의 심령이 나팔 소리와 전쟁의 경보를 들음이로다 패망에 패망이 연속하여 온 땅이 탈취를 당하니 나의 장막과 휘장은 갑자기 파멸되도다”

베냐민 땅 아나돗의 제사장 중 힐기야의 아들 예레미야에게 하나님의 말씀이 임하였습니다. 하나님께서 예레미야에게 "나는 너를 네 어미 배 속에서 만들기 전부터 알았고, 네가 태어나기도 전에 너를 거룩하게 구별하여 여러 나라에 보낼 예언자로 세웠다."라고 말씀하시자, 예레미야는 "주 여호와여, 보십시오. 저는 너무 어려서 말할 줄을 모릅니다."라고 대답했습니다. 그러자 하나님께서는 예레미야에게 "아이 같다고 하지 마라. 내가 너를 누구에게 보내든지 너는 가고, 네게 무슨 말을 명하든지 그대로 전하여라. 그들을 두려워하지 마라. 내가 너와 함께하여 너를 구해 주겠다."고 다시 말씀하신 후에 손을 뻗쳐 예레미야의 입에 대시고 "보아라. 이제 내 말을 네 입에 두겠다. 내가 오늘 너를 온 나라와 민족들 위에 세워 네가 그들을 뽑으며, 허물며, 멸망시키며, 무너뜨리며, 세우며, 심게 하겠다."고 말씀하셨습니다. 하나님께서 예레미야에게 살구나무 가지와 북에서부터 기울어진 끓는 가마를 보여 주시며 "북쪽에서부터 재앙이 넘쳐흘러 이 땅의 모든 백성에게 닥칠 것이다. 내가 북쪽에 있는 모든 나라 백성들을 불러들이겠다. 그들이 와서 예루살렘 성문 입구에 각각 자기의 보좌를 두고, 사방으로부터 예루살렘의 온 성벽과 유다의 모든 성을 칠 것이다. 유다 사람들이 나를 저버리고 다른 신들에게 분향하며 자기 손으로 지은 우상을 섬기는 악한 짓을 했으므로 내가 그들을 심판하겠다. 그러므로 너는 허리띠를 조이고 일어나, 내가 네게 명하는 모든 말을 그들에게 전하여라."라고 말씀하셨습니다.

자기 민족의 멸망을 예언해야 하는 예레미야는 "슬프고 아프다 내 마음속이 아프고 내 마음이 답답하여 잠잠할 수 없으니……"(렘 4 : 19), "슬프다 나의 근심이여 어떻게 위로를 받을 수 있을까 내 마음이 병들었도다"(렘 8 : 18)라고 슬픔을 표현하고 있습니다. 예레미야는 하나님의 말씀대로 유다의 멸망을 예언함으로 맞기도 하고, 베냐민 윗 문에 있던 형틀 차꼬에 채워지기도 하며, 감옥에 갇히고, 큰 구덩이에 던져지는 등의 많은 고통을 겪었습니다. 예레미야는 많은 어려움 속에서도 하나님의 말씀을 끝까지 대언하는 사명을 감당했으며, 유다는 하나님이 예레미야를 통해 선포하신 대로 멸망되었습니다.

묵상과 기도

- 예레미야 선지자를 깊이 묵상해 보십시오.
- 예레미야는 유다 왕 요시야 제13년(주전 627년)부터 유다 멸망 직후까지 예언 활동을 한 예언자입니다. 예레미야서의 중심주제는 첫째, 하나님의 백성의 역사를 세계 역사의 큰 틀 안에서 이해하고 있습니다. 동시에 유다 멸망 후 하나님의 은혜로 새롭게 펼쳐질 이스라엘의 역사의 주역은 바벨론 포로로 간 사람들이라고 말합니다. 둘째, 예레미야서는 하나님을 배신한 유다 백성의 죄와 이로 인하여 큰 괴로움을 겪게 될 백성들을 향한 탄식과 이들을 벌할 수밖에 없는 하나님의 안타까움과 탄식을 전합니다. 셋째, 예레미야는 하나님이 보낸 예언자로서 하나님의 명령대로 말하고 예언하는 선지자이고 이로 인해 수난을 겪습니다. 넷째, 하나님과 언약을 맺은 이스라엘이 이를 지키지 못함으로 앞으로는 여호와를 알라고 말하지 아니할 정도로 모두가 하나님을 알게 될 새 언약을 말합니다. 이것은 하나님의 백성으로서 순종의 의무를 요구하기보다는 불순종의 가능성을 하나님께서 일방적으로 제거하실 것이라는 은혜의 언약입니다.
- 하나님께서 주신 말씀만 전하는 하나님의 사람이 되게 하옵소서.

86

에스겔 선지자

(에스겔 18 : 30－32)

“주 여호와의 말씀이니라 이스라엘 족속아 내가 너희 각 사람이 행한 대로 심판할지라 너희는 돌이켜 회개하고 모든 죄에서 떠날지어다…… 너희가 범한 모든 죄악을 버리고 마음과 영을 새롭게 할지어다 이스라엘 족속아 너희가 어찌하여 죽고자 하느냐…… 너희는 스스로 돌이키고 살지니라”

여호야긴 왕이 바벨론으로 사로잡혀 간 지 5년째 되는 해에 제사장인 에스겔이 갈대아 땅 그발 강가에 있을 때에 하늘이 열리고, 하나님의 모습이 보이며, 하나님의 말씀이 에스겔에게 특별히 임하셨습니다. 하나님의 존귀와 영광에 압도된 에스겔은 엎드려 하나님의 음성을 들었습니다.

하나님께서 에스겔에게 "인자야, 내가 너를 이스라엘 자손 곧 패역한 백성, 나를 배반하는 자에게 보낸다. 그들이 듣든지 안 듣든지 너는 반드시 내 말을 전해라. 내가 네게 하는 말을 잘 들어라. 너는 이 반항하는 백성처럼 내게 반항하지 마라. 네 입을 벌려 내가 주는 것을 받아먹어라." 하고 말씀하셨습니다. 하나님께서 탄식과 애가와 재앙의 글이 적혀 있는 두루마리를 에스겔 앞에 펼치셨으며, 에스겔에게 그 두루마리를 먹고, 가서 이스라엘 백성에게 전하라고 말씀하셨습니다. 에스겔이 입을 벌리자 하나님께서 두루마리를 그 입에 넣어 주셔서 그가 먹었더니 꿀같이 달았습니다.

하나님께서 에스겔에게 "내가 네게 하는 말을 잘 듣고 마음에 간직하여라. 그리고 포로로 잡혀간 네 동포에게 지금 가서 내 말을 전하여라. 그들이 듣든지 안 듣든지, '주 여호와께서 이렇게 말씀하셨다.' 라고 말하여라."라고 말씀하셨습니다. 그러더니 하나님의 영이 에스겔을 들어 올리시는데 그때에 에스겔의 뒤에서 "성소에서 여호와의 영광을 찬양하라!"는 소리가 들렸습니다. 또한 생물들의 날개가 서로 맞닿는 소리와 그들 곁에 있는 바퀴의 소리가 크게 울렸습니다. 주님의 영이 에스겔을 들어 올려 데려가실 때에 그가 괴롭고 불안했으나, 하나님의 강력한 손이 에스겔을 잡고 계셨습니다.

하나님께서는 에스겔을 부르셔서 주의 백성들의 죄악과 그로 인한 심판과 멸망을 선포하게 하셨으며, 주변 이방 나라들의 멸망의 선포와 회개하고 주께로 돌아온 자들에 대한 회복에 대하여 예언하라고 말씀하셨습니다.

묵상과 기도

- 예언자 에스겔을 깊이 묵상해 보십시오.
- 에스겔이 활동한 시기는 대략 주전 594년부터 571년인데, 세계의 주권자이신 야훼 하나님을 명확히 드러내는 소명을 환상으로 받아 예언자의 역할을 합니다. 에스겔은 하나님의 심판 행위와 은혜로운 행위를 말하는데, 이는 상징적인 행위들을 통하여 거룩한 도성에 임박한 심판을 가리키며, 더렵혀져 멸망에 처한 성전을 시사합니다. 그리고 더러운 땅에 새로운 제의 장소를 건설함으로써 모든 인간의 노력을 배척하고 야훼의 하나님의 이적 행위를 통해서만 새로운 성전이 건설될 수 있고, 건설될 것을 예언합니다. 이와 같이 하여 어스겔서는 세 개 큰 부분들인 이스라엘에 대한 심판, 이방 민족들에 대한 예언, 그리고 구원의 때에 대한 서술을 서로 연결시킵니다.
- 모든 세계의 주권자가 하나님이심을 열방으로 하여금 알게 하옵소서.

87

마른 뼈들이 살아나다

(에스겔 37 : 5-6)

"주 여호와께서 이 뼈들에게 말씀하시기를 내가 생기를 너희에게 들어가게 하리니 너희가 살아나리라 너희 위에 힘줄을 두고 살을 입히고 가죽으로 덮고 너희 속에 생기를 넣으리니 너희가 살아나리라 또 내가 여호와인 줄 너희가 알리라 하셨다 하라"

여호와의 권능이 에스겔에게 임하고, 여호와의 영이 에스겔을 뼈들로 가득 차 있는 한 골짜기 가운데에 두셨습니다. 그곳의 뼈들은 아주 메말라 있었습니다.

하나님께서 에스겔에게 "사람아, 이 뼈들이 살 수 있겠느냐?" 하고 물으셨고, 에스겔은 "주 여호와여, 주님만이 아십니다."라고 대답했습니다.

그때에 여호와께서 에스겔에게 "이 뼈들에게 나 주 여호와의 일을 예언하여라. '마른 뼈들아, 여호와의 말씀을 들어라. 내가 너희 속에 숨을 불어넣으면, 너희가 살아날 것이다. 내가 너희에게 힘줄을 붙이고 네 위에 살을 입히며 살갗으로 덮을 것이다. 그리고 네 속에 숨을 불어넣을 것이니, 너희가 살아날 것이다. 그때에 너희는 내가 여호와라는 것을 알게 될 것이다.'"라고 말씀하셨습니다.

에스겔이 하나님의 명령대로 예언하자 덜컹거리는 소리가 들리더니, 뼈들이 모여 서로 연결되었습니다. 그리고 그 뼈에 힘줄이 생기고 살이 오르며 그 위에 가죽이 덮였으나 아직 그들 안에 생기가 없었습니다.

그때에 여호와께서 에스겔에게 말씀하셨습니다. "생기에게 예언하여라. 사람아, 생기에게 예언하여 말하여라. '주 여호와께서 이렇게 말씀하신다. 오 생기여, 죽임 당한 이들 속으로 들어가 이들을 살게 하여라.'"

에스겔이 하나님께서 명령하신 대로 예언하자, 생기가 그들 가운데 들어가고 그들이 살아났으며, 그들은 발을 딛고 일어나 매우 큰 군대를 이루었습니다.

그때에 여호와께서 에스겔에게 말씀하셨습니다. "사람아, 이 뼈들은 이스라엘 백성이다. 그들이 말하기를 '우리의 뼈가 말라 버렸고, 우리의 희망이 사라졌으며, 우리는 망하였다.' 고 한다. 그러므로 너는 그들에게 예언하여 말하여라. '오 내 백성이여, 내가 너희 무덤을 열고 너희를 그곳에서 끄집어낼 것이다. 내가 너희를 이스라엘 땅으로 되돌아가게 할 것이다. 내 백성아, 내가 너희의 무덤을 열고 너희를 그곳에서 끌어낼 때에 너희는 내가 여호와라는 것을 알게 될 것이다. 내가 나의 영을 너희 속에 두고 너희가 살 수 있게 할 것이다. 그리고 내가 너희를 너희 땅에 정착시킬 것이다. 그때에 너희는 나 여호와가 그것을 말하였고, 이루었다는 것을 알게 될 것이다. 나 여호와의 말이다.'"

에스겔 37 : 1~14

묵상과 기도

- 하나님의 영이 마른 뼈에 생기를 불어넣는 환상을 상상하면서 하나님의 심판과 구원의 역사를 묵상해 보십시오.
- 하나님의 영이 에스겔을 죽은 자들의 유골로 가득 찬 들판에 있게 하는데, 여기서 죽은 자의 뼈들이 생기가 돌아오는 것을 봅니다. 여기서 마른 뼈란 이스라엘 족속들이 포로들로서 죽음의 세력에 의하여 절망적으로 탄식하는 것을 뜻합니다. 하나님의 영으로 마른 뼈들이 생기가 돌아와 서로 연합되는 것은 탄식하는 이스라엘 백성에 대한 회복을 암시하는 하나님의 구속과 은혜의 행위를 뜻합니다. 즉, 하나님의 능력과 무한한 자비로 이러한 기적 행위를 통해 하나님과 내적인 사귐을 가능케 하는 구원 역사가 좌절에 빠진 자들을 향한 심판 행위 때와 마찬가지로 하나님 자신으로 말미암아 이루어질 것을 암시합니다. 그리하여 만군의 주요, 만왕의 왕이신 하나님은 이스라엘뿐만 아니라 전 인류를 위한 진정한 사귐에 중보자가 되심을 에스겔은 강조합니다.
- 뼈가 마르는 절망과 탄식으로부터 하나님의 백성들을 건지시는 긍휼과 자비의 하나님! 하나님께 영광과 존귀와 찬송을 영원토록 돌리게 하옵소서.

88

뜻을 정한 다니엘

(다니엘 1 : 8-9)

"다니엘은 뜻을 정하여 왕의 음식과 그가 마시는 포도주로 자기를 더럽히지 아니하리라 하고 자기를 더럽히지 아니하도록 환관장에게 구하니 하나님이 다니엘로 하여금 환관장에게 은혜와 긍휼을 얻게 하신지라"

유다 왕 여호야김이 왕이 된 지 3년째 되는 해에 바벨론 왕 느부갓네살이 군대를 이끌고 예루살렘에 쳐들어와 성을 포위하자 주께서 유다 왕 여호야김을 느부갓네살에게 포로로 넘겨주었습니다. 느부갓네살은 하나님의 성전 기구들 가운데 일부를 가져다가 바벨론에 있는 자기 신전의 보물창고에 두었습니다.

느부갓네살은 환관장을 시켜 포로로 잡혀온 이스라엘의 왕족과 귀족의 아들들 중에서 몸이 튼튼하고 아름다우며 지혜와 총명이 있는 사람 몇 명을 왕궁으로 데려오게 했습니다. 왕은 그들에게 바벨론의 언어와 문학을 배우도록 하고, 매일 왕이 먹는 음식과 포도주를 주면서 3년 동안 교육시킨 후에 왕을 모시게 하려 했습니다.

유다 자손인 다니엘과 하나냐, 미사엘, 그리고 아사랴도 환관장에게 뽑혔습니다. 환관장이 그들에게 바벨론식 이름을 지어주었는데 다니엘은 벨드사살로, 하나냐는 사드락으로, 미사엘은 메삭으로, 아사랴는 아벳느고로 불렸습니다.

다니엘은 왕이 준 음식과 포도주로 자기를 더럽히지 않게 해 달라고 환관장에게 부탁했고, 하나님께서 환관장의 마음을 움직이셔서 다니엘의 말을 좋게 여기게 해 주었습니다.

환관장이 다니엘에게 "왕께서 너희가 먹고 마실 것을 정해 주셨는데, 너희가 이 음식을 먹지 않아 너희 얼굴이 다른 젊은이들보다 못하면 내 목숨이 위험하게 될 것이다."라고 말했습니다. 다니엘은 환관장이 세운 감독관에게 10일 동안, 채소와 물만 먹을 것이니 10일 뒤에 왕의 음식을 먹은 다른 젊은이들의 얼굴과 비교해 본 후에 감독관의 뜻대로 하라고 제안했습니다. 감독관이 다니엘의 말대로 10일 동안 시험해 보니, 다니엘과 세 친구의 얼굴빛이 왕의 음식을 먹는 젊은이들의 얼굴빛보다 더욱 좋고 건강해 보였습니다. 그때부터 감독관은 다니엘과 세 친구들에게 왕이 내린 음식과 포도주 대신에 채소를 주었습니다. 하나님은 네 사람에게 지혜를 주셔서 모든 문학과 학문에 뛰어나게 하셨고, 다니엘에게는 환상과 꿈을 해석하는 특별한 능력을 주셨습니다.

다니엘과 세 친구들이 다른 사람보다 뛰어나므로 느부갓네살 왕을 모시게 되었습니다. 왕이 그들에게 여러 가지 지혜와 지식에 관한 문제를 물어보았고 그들의 지혜와 판단력이 전국에 있는 어떤 마술사나 주술사보다도 열 배는 뛰어난 것을 알게 되었습니다.

묵상과 기도

- 다니엘의 고결한 믿음을 깊이 묵상해 보십시오.
- 하나님을 향한 다니엘의 고결한 믿음은 바벨론의 이방문화와 종교에 절대적으로 타협하지 않습니다. 경건하게 살기로 뜻을 정한 다니엘에게 하나님은 바벨론의 술객과 박수들보다 열 배나 많은 지혜와 총명을 주셨고, 그를 바벨론의 높은 위치에까지 오르게 하십니다.
- 다니엘처럼 하나님을 향한 확실한 믿음으로 범사에 지혜와 총명이 넘치는 결단을 하게 하옵소서.

89

다니엘의 꿈 해석

(다니엘 2 : 28)

"오직 은밀한 것을 나타내실 이는 하늘에 계신 하나님이시라 그가 느부갓네살 왕에게 후일에 될 일을 알게 하셨나이다 왕의 꿈 곧 왕이 침상에서 머리 속으로 받은 환상은 이러하니이다"

바벨론 왕 느부갓네살이 어느 날 꿈을 꾸었는데 그 꿈으로 인하여 잠을 이룰 수 없었습니다. 왕은 그 꿈의 뜻을 알기 위하여 왕궁의 마술사와 점성가, 그리고 점쟁이와 주술사를 불러 자신이 꾼 꿈을 말해 보라고 했습니다. 그 꿈을 맞추는 자가 그 뜻도 풀 수 있으리라 생각했기 때문입니다. 그러나 주술사는 왕에게 그런 일을 말해 줄 수 있는 자는 신들뿐이라고 대답했습니다. 이에 왕이 크게 화를 내며 바벨론의 모든 지혜자들을 찾아 죽이라고 명령했습니다. 다니엘과 그의 세 친구도 죽을 위기에 처했습니다. 다니엘은 그 소식을 듣고 왕을 찾아가 시간을 주면 그 꿈과 그 뜻을 풀어 드리겠다고 말했습니다. 다니엘과 그 친구들은 하나님께 간절히 기도했습니다. 그날 밤, 다니엘은 환상을 통해 그 비밀을 알게 되었고, 그 비밀을 알게 하신 하나님을 찬양했습니다.

다니엘은 느부갓네살 왕에게 "오직 하늘에 계신 하나님만이 유일하게 그 비밀을 알려 주실 수 있는 분이십니다. 하나님은 왕에게 장차 일어날 일을 보여 주셨습니다."라고 말하며 왕이 꾼 꿈을 알려 주고, 그 꿈의 뜻을 풀이해 주었습니다. "왕이시여, 왕은 큰 신상을 보셨는데 금으로 된 머리는 바로 왕이십니다. 왕의 뒤를 이어 다른 나라가 일어나지만 왕의 나라만큼 크지 못할 것이며 다음에 놋쇠로 된 세 번째 나라가 온 땅을 다스릴 것입니다. 네 번째 나라는 쇠처럼 강할 것이며 다른 나라들을 부수고 깨뜨릴 것입니다. 왕께서 보신 발과 발가락은 쇠와 진흙이 섞여 있는데, 이것은 이 나라가 나뉠 것을 말해 줍니다. 일부는 쇠처럼 강하고 일부는 진흙처럼 약해질 것인데, 쇠와 진흙이 서로 섞이지 못하는 것처럼 그 백성들도 하나 되지 못할 것입니다. 이 왕들의 시대에 하나님이 한 나라를 세우실 것이고, 이 나라가 다른 모든 나라를 쳐서 멸망시키고 영원히 설 것입니다. 아무도 손대지 않은 돌이 산에서 날아와 쇠와 놋쇠와 진흙과 은과 금을 부수는 것을 보셨는데, 이것은 위대하신 하나님이 장차 일어날 일을 왕에게 보여 주신 것입니다. 이 꿈은 확실하며 그 꿈 풀이도 틀림없습니다."라고 말하였습니다.

다니엘이 왕이 꾼 꿈을 말하고, 그 뜻을 풀이해 주자, 느부갓네살 왕은 다니엘에게 엎드려 절하고, 다니엘을 높은 지위에 앉혀 바벨론을 다스릴 뿐만 아니라 바벨론의 모든 지혜자들의 지도자로 세우고 많은 선물을 주었습니다. 왕은 다니엘의 요구대로 다니엘의 세 친구인, 사드락과 메삭과 아벳느고에게 바벨론 지방을 다스리게 하였습니다.

묵상과 기도

- 모든 열방을 다스리시는 하나님의 주권과 이에 쓰임 받는 이들에 관하여 묵상해 보십시오.
- 다니엘이 네 개의 세계 제국의 멸망에 대한 느부갓네살 왕의 꿈과 그 해석을 하게 되는데, 이는 은밀한 것을 알게 하는 하나님의 도우심으로 가능하였습니다. 이 일로 인하여 바벨론 사람들까지도 이스라엘의 하나님만이 세계 역사를 이끄시는 유일하시고 참된 주인임을 알게 됩니다. 또한 이 일로 인하여 다니엘은 왕이 엎드려 절하고 높은 지위에 앉게 될 뿐만 아니라 바벨론의 모든 지혜자들의 지도자로 세움을 입습니다.
- 지혜와 능력의 근원이신 하나님이시여! 하나님만이 세계 역사의 유일한 주인이심을 아는 지혜를 허락하옵소서.

90

불 속에 던져진 다니엘의 세 친구

(다니엘 3 : 17 – 18)

“왕이여 우리가 섬기는 하나님이 계시다면 우리를 맹렬히 타는 풀무불 가운데에서 능히 건져내시겠고 왕의 손에서도 건져내시리이다 그렇게 하지 아니하실지라도 왕이여 우리가 왕의 신들을 섬기지도 아니하고 왕이 세우신 금 신상에게 절하지도 아니할 줄을 아옵소서”

느부갓네살 왕이 금으로 신상을 만들고 모든 백성에게 나팔과 피리와 수금과 삼현금과 양금과 생황과 온갖 악기 소리가 나면 모두 엎드려 금 신상에 절하라고 명하면서 절하지 않는 사람은 즉시 불타는 풀무불 속에 던져 넣을 것이라고 했습니다. 그러자 모든 백성이 악기 소리를 듣고 금 신상에게 엎드려 절했습니다.

그러나 유다 사람 사드락과 메삭과 아벳느고는 금 신상에 절을 하지 않았습니다. 느부갓네살 왕이 잡혀온 사드락과 메삭과 아벳느고에게 "지금이라도 준비하고 있다가 온갖 악기 소리가 들려오면 엎드려 내가 세운 신상에 절하여라. 그러나 절하지 않는다면 즉시 너희를 불타는 풀무불 속으로 던져 넣겠다. 어느 신이 너희를 내 손에서 구해 낼 수 있겠느냐?"라고 말했습니다. 그러자 사드락과 메삭과 아벳느고는 하나님이 불타는 풀무불과 왕의 손에서 구해 주실 것이며, 하나님이 자신들을 구해 주지 않으셔도 왕의 신들을 섬기지 않고, 왕이 세운 금 신상에도 절하지 않겠다고 대답했습니다.

잔뜩 화가 난 왕은 풀무불을 보통 때보다 일곱 배나 더 뜨겁게 하고 힘센 용사들을 시켜 사드락과 메삭과 아벳느고를 묶어 불타는 풀무불 속으로 던져 넣으라고 했습니다. 용사들이 그들을 옷을 입은 채로 묶어서 불타는 풀무불 속에 던져 넣었는데 풀무불이 너무 뜨거워서 그 용사들이 불길에 타 죽었습니다.

그때 느부갓네살 왕은 깜짝 놀랐습니다. 왕이 보니 풀무불 속에는 네 사람이 결박이 풀린 채로 불 가운데로 아무런 상처도 없이 다니고 있는데 네 번째 사람은 신의 아들과 같아 보였습니다. 왕이 불타는 풀무불 입구로 다가가서 "지극히 높으신 하나님의 종 사드락과 메삭과 아벳느고야, 이리로 나오너라!" 하고 외쳤습니다. 그러자 그들이 불 가운데서 나오는데 그들의 옷은 타지 않았고 머리털도 그을리지 않았으며, 그들에게서 불에 탄 냄새조차 나지 않았습니다.

그러자 왕이 "사드락과 메삭과 아벳느고의 하나님을 찬양하여라. 그는 천사를 보내어 그를 믿고 따르는 종들을 구하셨다. 이들은 왕의 명령을 무시하고 자신의 몸을 바쳐서까지 저희의 하나님이 아닌 다른 신들을 섬기거나 절하지 않았다. 그러므로 이제 내가 조서를 내린다. 모든 백성이나 나라나 민족들 중에 사드락과 메삭과 아벳느고의 하나님에 대하여 함부로 말하는 사람은 그 몸이 찢길 것이며, 그들의 집은 쓰레기 더미가 될 것이다. 이런 방법으로 구원할 수 있는 신은 어디에도 없다."라고 말했습니다. 왕은 사드락과 메삭과 아벳느고를 바벨론 지방에서 더 높은 자리에 앉혔습니다.

묵상과 기도

- 죽음을 선택하기까지 하나님을 신뢰하는 다니엘의 세 친구들의 믿음을 묵상해 보십시오.
- 다니엘의 세 친구들이 금으로 만든 신상에게 절하라는 느부갓네살 왕의 명령에 목숨을 내걸고 항거합니다. 하나님은 이방종교에 대하여 비타협적인 자세로 죽음까지 선택한 세 친구들을 버려두지 않으시고 극렬하게 타는 풀무불 속으로부터 그들을 건져 내십니다. 이로 인해 모든 백성이나 나라, 민족들이 이스라엘의 하나님에 대하여 함부로 말하지 않게 되었습니다.
- 주를 신뢰하는 백성들을 어떤 위험 속에서도 건져 내어 주시는 구원의 하나님을 사랑합니다. 죽음 앞에서도 주를 믿는 신앙을 지키게 하옵소서.

91

벽에 쓰여진 글씨

(다니엘 5 : 26－28)

“그 글을 해석하건대 메네는 하나님이 이미 왕의 나라의 시대를 세어서 그것을 끝나게 하셨다 함이요 데겔은 왕을 저울에 달아 보니 부족함이 보였다 함이요 베레스는 왕의 나라가 나뉘어서 메대와 바사 사람에게 준 바 되었다 함이니이다”

벨사살 왕이 귀족들을 불러 큰 잔치를 하며 함께 술을 마시다가 그의 아버지, 느부갓네살이 예루살렘 성전에서 가져온 금잔과 은잔들을 가져오게 하여 그 금잔으로 왕과 귀족들과 왕후들과 후궁들이 술을 마시면서 금과 은과 놋쇠와 쇠와 나무와 돌로 만든 신들을 찬양했습니다.

바로 그때, 사람의 손가락이 나타나더니 촛대 맞은편 왕궁 석고 벽 위에 글자를 쓰기 시작했습니다. 왕은 그 손가락이 글자를 쓰는 것을 보고 두려움에 사로잡혀 얼굴이 창백해지고 다리에 힘이 없어져 무릎이 후들후들 떨렸습니다. 왕은 점성가들과 주술사들과 점쟁이들을 부르고 그 글을 읽고 뜻을 풀어 주는 사람은 셋째 가는 통치자로 삼겠다고 말하였으나, 그 글자를 읽거나 그 뜻을 설명할 수 있는 사람은 아무도 없었습니다.

그때에 왕의 어머니가 들어와 매우 총명하며 지식과 통찰력을 가진 사람으로 꿈과 비밀을 말할 수 있고, 아무리 어려운 문제라도 풀 수 있는 사람인 다니엘을 부르라고 말했습니다. 다니엘이 부름을 받고 왕 앞에 나왔습니다. 왕은 다니엘에게 벽 위에 적힌 글을 읽고 설명하면 이 나라의 셋째 가는 통치자로 삼아 주겠다고 말했습니다. 다니엘은 왕이 주겠다고 한 선물과 상을 거절하면서 "하나님께서는 왕의 아버지 느부갓네살을 위대하고 강한 왕으로 만드시고 큰 권세를 주셨으나 느부갓네살 왕이 너무 높아지고 교만해지자 그 보좌에서 쫓아내고 그 영광도 빼앗았습니다. 쫓겨난 느부갓네살의 마음이 들짐승처럼 되어 들나귀처럼 살며, 소처럼 풀을 먹었고, 몸은 이슬로 젖었습니다. 그러다가 비로소 지극히 높으신 하나님께서 인간의 나라를 다스리신다는 것과, 하나님의 마음에 드는 사람에게 그 나라를 주신다는 것을 알게 되었습니다. 그런데 벨사살 왕께서는 이 모든 일을 알면서도 마음을 낮추지 않으셨고, 오히려 하늘의 주를 거스르고, 주의 성전에 있던 잔으로 술을 마셨습니다. 그리고 왕은 하나님을 섬기지 않고, 은과 금과 놋쇠와 쇠와 나무와 돌로 만든 신들을 찬양하였습니다. 그래서 하나님께서 이 손을 보내셔서 벽에 글자를 쓰게 하신 것입니다. 벽에 적힌 글자는 '메네, 메네, 데겔, 우바르신' 입니다. 메네는 하나님께서 왕의 나라의 끝 날을 정하셨다는 뜻이고, 데겔은 왕이 저울 위에 달리셨는데 무게가 모자란다는 뜻이며, 우바르신은 왕의 나라가 나뉘었다는 뜻입니다. 왕의 나라는 메대와 바사 사람들에게 넘어갈 것입니다."라고 그 글과 뜻을 풀어 주었습니다. 이에 벨사살이 명령을 내려 다니엘에게 자주색 옷을 입히고, 금 사슬을 목에 걸어 주고, 그를 나라의 셋째 가는 통치자로 세웠습니다. 바로 그날 밤에 벨사살이 죽임을 당했습니다.

묵상과 기도

- 벨사살의 최후를 상상하면서 그의 죄악된 모습들을 묵상해 보십시오.
- 느부갓네살 왕의 아들 벨사살은 스스로 높여서 하늘의 주재를 거역한 교만과 자만의 죄를 짓고, 주의 성전에 있던 잔으로 술을 마시며, 각종 신상들을 찬양하고, 자신의 호흡과 모든 길을 주장하시는 하나님께 영광을 돌리지 않는 왕이었습니다. 이로 인해 벨사살이 왕궁 벽에 기록된 신비한 글자로 두려움에 사로잡히게 되는데, 다니엘이 이를 바벨론의 멸망과 벨사살의 비극적인 죽음이라고 해석합니다. 다니엘은 이렇듯 상급과 무관하게 일하지만, 벨사살은 다니엘의 이러한 해석에도 불구하고 교만한 모습을 벗어던지지 못합니다.
- 죄를 싫어하시는 하나님을 민감하게 느낄 수 있도록 도와주옵소서.

92

사자 굴 속에 던져진 다니엘

(다니엘 6 : 22)

"나의 하나님이 이미 그의 천사를 보내어 사자들의 입을 봉하셨으므로 사자들이 나를 상해하지 못하였사오니 이는 나의 무죄함이 그 앞에 명백함이오며 또 왕이여 나는 왕에게도 해를 끼치지 아니하였나이다 하니라"

다니엘 6 : 1~24

다리오 왕이 바벨론을 다스리기 위하여 세 명의 총리를 세웠는데 그중에 한 명이 다니엘이었습니다. 다니엘이 다른 총리들보다 뛰어났기 때문에 다리오 왕은 그에게 나라 전체를 맡겨 다스리게 하려고 했습니다. 그러자 다른 총리와 총독들이 다니엘을 고소하려고 그의 잘못을 찾았지만 잘못이나 흠을 찾을 수가 없었습니다. 다니엘에게서 하나님의 율법에 관한 것 외에는 흠을 찾을 방법이 없게 되자 그들은 왕에게 앞으로 30일 동안 왕 이외에 다른 신이나 다른 사람에게 기도하는 자가 있으면 누구든지 사자 굴에 넣도록 하는 법을 만들게 하고, 이 법에 왕의 도장을 찍어 다시 고치지 못하게 하였습니다. 다니엘은 그 법을 알면서도 자기 집 다락방으로 올라가서 예루살렘으로 향한 창문을 열고 늘 하던 대로 하루에 세 번씩 무릎을 꿇고 하나님께 기도했습니다. 고소할 것을 찾던 사람들이 다니엘이 기도하는 것을 발견하고 왕에게 나아가 다니엘이 법을 어겼다고 고했습니다. 그 말을 들은 다리오 왕은 매우 괴로웠습니다. 왕은 다니엘을 구하고 싶었으나 그를 구할 방법을 찾지 못했습니다.

다리오 왕은 법대로 다니엘을 사자 굴에 넣게 했습니다. 왕은 다니엘에게 "네가 늘 섬기던 너의 하나님이 너를 구해 주실 것이다."라고 말했습니다. 사람들이 바위를 옮겨 다니엘을 꺼내지 못하도록 큰 돌을 굴려 사자 굴 입구를 막고 왕의 도장과 신하들의 도장을 바위 위에 찍었습니다.

그날 밤 다리오 왕은 아무것도 먹지 않고, 오락도 금지시키고, 잠도 자지 못했습니다. 다음 날 아침 일찍, 다리오 왕이 사자 굴로 갔습니다. 왕은 걱정하는 목소리로 다니엘을 불렀습니다. "살아 계신 하나님의 종 다니엘아, 네가 늘 섬기는 하나님이 너를 사자들로부터 구해 주셨느냐?" 그러자 다니엘이 "왕이시여, 만수무강하십시오. 나의 하나님이 천사들을 보내셔서 사자들의 입을 막으셨고 나를 해치지 못하게 하셨습니다."라고 대답하자 왕이 기뻐하며 다니엘을 사자 굴에서 꺼내도록 하고, 다니엘을 고소한 사람들과 그의 아내와 자녀들까지 데려다가 사자 굴에 넣게 했습니다. 그들이 사자 굴의 바닥에 닿기도 전에 사자들이 덮쳐서 그들의 뼈까지 부수어 버렸습니다. 그 후에 다리오 왕이 새 법을 세워 그 나라 백성들에게 "다니엘의 하나님은 살아 계신 하나님이시며, 영원히 사시는 분이시다. 그 하나님을 두렵고 떨림으로 섬겨야 한다."고 말했습니다.

묵상과 기도

- 다니엘이 사자 굴 속에 들어가기까지의 과정을 상상해 보십시오.
- 새 왕 다리오는 왕국의 행정조직을 다니엘을 포함한 세 명의 총리로 개편하였는데, 이 가운데 다니엘이 마음이 민첩하고 총리들과 방백들 가운데 뛰어나 왕이 그를 세워 전국으로 다스리게 하려고 하였습니다. 이를 시기한 다른 두 총리와 모든 방백들이 왕으로 하여금 금령을 세워 30일 동안 왕 외의 어느 신에게 구하면 사자 굴에 넣기로 조서를 만들어 어인을 찍습니다. 이런 사실을 알고도 다니엘은 자기 집에서 예루살렘을 향하여 하루 세 번씩 무릎 꿇고 하나님께 기도합니다. 이로 인하여 다니엘이 사자 굴에 던져졌으나 하나님께서 그를 구원하여 사자의 입에서 벗어나게 하였습니다.
- 어떤 지위와 상황에서도 하나님을 믿는 신앙을 지켜 하나님의 이름에 영광을 돌리게 하옵소서.

93

성전 건축을 도운 다리오 왕

(에스라 6 : 8)

"내가 또 조서를 내려서 하나님의 이 성전을 건축함에 대하여 너희가 유다 사람의 장로들에게 행할 것을 알리노니 왕의 재산 곧 유브라데 강 건너편에서 거둔 세금 중에서 그 경비를 이 사람들에게 끊임없이 주어 그들로 멈추지 않게 하라"

고레스가 바벨론의 왕이 된 첫해에 특별명령을 내려 느부갓네살 왕이 무너뜨린 하나님의 성전을 다시 짓게 하고, 느부갓네살이 예루살렘 성전에서 빼앗아 온 금그릇과 은그릇들을 다시 성전으로 가져다 두라고 했습니다. 이렇게 해서 성전 건축이 시작되었으나 사마리아 사람들과 그 주변 사람들이 성전 건축을 방해하므로 건축이 중단되기도 했습니다. 오랜 세월 동안 성전의 기초만 놓은 상태였습니다. 유다 백성들이 다시 성전을 건축할 때에 유브라데 강 건너편의 총독인 닷드내가 다리오 왕에게 편지를 써서 고레스 왕이 정말로 예루살렘에 성전을 다시 지으라고 명령했는지 바벨론의 왕실 기록을 조사해 보라고 했습니다. 편지를 받은 다리오 왕은 바벨론 창고에서 한 두루마리를 찾았는데 거기에는 고레스 왕이 내렸던 명령이 기록되어 있었습니다. 이것을 본 다리오 왕은 편지를 보내 온 총독 닷드내와 스달보스내와 유브라데 강 건너편 아바삭 사람들에게 답장을 보냈습니다.

"나 다리오가 명령한다. 그곳을 가까이하지 말고, 하나님의 성전 짓는 일을 방해하거나 막지 말라. 유다의 총독과 장로들이 성전이 있던 곳에 그 성전을 다시 짓도록 내버려 두어라. 그리고 하나님의 성전 건축에 들어가는 비용은 왕의 창고에서 다 내어 주는데, 그 돈은 유브라데 강 서쪽 지방에서 거둔 세금에서 나올 것이다. 그렇게 하여 일이 중단되지 않도록 하여라. 그 백성에게 필요한 것을 다 주고, 예루살렘의 제사장이 원하는 것은 무엇이든지 날마다 빠짐없이 주어서 그들이 하늘의 하나님께서 기뻐 받으실 만한 제물을 바칠 수 있도록 하여라. 그리고 나와 내 아들들의 생명을 위해 기도할 수 있게 하여라. 누구든지 이 명령을 바꾸면 그 사람의 집에서 들보를 빼내고, 그의 몸을 그 들보에 묶은 다음에 죽일 것이다. 그가 이런 죄를 지었으므로 그의 집을 거름 더미로 만들 것이다. 하나님께서는 예루살렘을 예배 받으실 곳으로 정하셨다. 왕과 백성을 가리지 않고 이 명령을 바꾸려 하거나 성전을 무너뜨리려는 사람은 하나님께서 물리치실 것이다. 나 다리오가 이 명령을 내리니, 즉시 받아들여 빠짐없이 지키도록 하여라."

그리하여 유브라데 강 서쪽 지방의 총독인 닷드내와 스달보스내와 다른 사람들은 다리오 왕의 명령을 받자마자 빠짐없이 지켰습니다.

에스라 5 : 1~6 : 12

유다 장로들은 성전 짓기를 계속해서 하나님이 말씀하신 대로 성전 짓기를 마치고, 이스라엘 백성이 기뻐하며 성전을 하나님께 바치는 예배를 드렸습니다.

묵상과 기도

- 성전 건축에 대한 고레스 왕의 칙령이 다리오 왕 때 실행되는 과정을 상상하면서 하나님의 섭리를 묵상해 보십시오.
- 고레스 왕 시기에 바벨론에서 귀국한 유대인들은 감격적으로 성전 건축을 시작하였으나 사마리아 사람을 포함한 주변 사람들의 방해로 근 16년간 방치되었습니다. 유다 백성들의 요청에 의하여 다리오 왕은 고레스의 칙령에 근거해서 성전 건축에 박차를 가하도록 지원해 주었고, 이웃 백성의 방해를 법으로 엄격하게 차단해 주었습니다. 이처럼 성전 건축이 가능했던 것은 사실 예언자를 통해 선포된 하나님의 말씀에 대한 순종의 결과이며, 동시에 하나님의 간섭과 은혜 때문입니다.
- 하나님의 말씀을 성취시키시는 분이 바로 하나님 자신임을 깨닫게 하옵소서.

94

백성을 구한 에스더

(에스더 5 : 3)

"왕이 이르되 왕후 에스더여 그대의 소원이 무엇이며 요구가 무엇이냐 나라의 절반이라도 그대에게 주겠노라 하니"

바벨론의 느부갓네살 왕 때 예루살렘에서 끌려온 모르드개는 그의 삼촌의 딸인 에스더를 그의 부모가 죽은 후에 딸같이 양육했습니다. 그 후에 에스더는 아하수에로 왕의 왕비가 되었습니다. 그런데 아하수에로 왕의 총애를 받는 하만이 자기에게 무릎을 꿇지도 않고 절하지 않는 모르드개를 보고 크게 화가 나서 유다인들을 다 죽이기로 작정하고, 아하수에로 왕에게 왕의 법을 지키지 않는 무익한 민족이 있으니 그들을 진멸하라고 하면서 왕에게 은 10,000달란트를 드렸습니다. 그러자 아하수에로 왕은 반지를 빼서 하만에게 주며 그의 뜻대로 하라고 했습니다.

이 일을 알게 된 모르드개와 유다인들이 크게 슬퍼하고 금식하며 통곡하였습니다. 그들 대부분이 거친 베옷을 입고 재 위에 누웠습니다.

에스더는 모르드개의 소식과 유다 백성이 죽게 된 내용을 알게 되었습니다. 모르드개는 에스더가 왕 앞에 직접 나아가, 자기 백성을 위해 왕에게 간절히 빌 것을 부탁했습니다. 그러나 에스더는 왕이 부르지 않았는데 안뜰에 들어가면 죽게 되며, 왕이 금홀을 내밀 때만 그 사람이 살 수 있다고 말하면서 왕이 자신을 부르지 않으신 지 한 달이나 되었다고 전하였습니다. 그러자 모르드개는 다시 사람을 시켜 에스더에게 "지금 왕비께서 왕궁에 살고 계신다고 하여 다른 유다인이 다 당할 일을 왕비께서만 피하실 수 있다고 생각하지 마십시오. 지금 왕비가 잠잠히 있다 해도 다른 사람의 도움으로 유다인은 해방과 구원을 얻을 것입니다. 그러나 왕비와 왕비의 집안은 멸망을 당할 것입니다. 왕비가 지금 왕비의 자리에 오른 것도, 바로 이런 때를 위한 것인지 누가 압니까?" 하고 말했습니다. 이에 에스더는 모르드개에게 "수산성에 있는 유다인들을 모으고 나를 위해 금식하게 하십시오. 나와 내 여종들도 금식한 후에 법을 어기고서라도 왕에게 나아가겠습니다. 그러다가 죽게 되면 죽겠습니다."라고 전하게 했습니다.

에스더가 금식한 지 3일째 되는 날, 왕의 방이 마주 보이는 왕궁 안뜰에 섰을 때에 왕이 에스더 왕비를 어여삐 보고 금홀을 내밀었습니다.

왕이 "에스더 왕후여, 무슨 일이오? 내게 무슨 부탁이라도 있소? 당신이 원한다면 내 나라의 절반이라도 주겠소."라고 말하자 에스더는 왕을 위해 잔치를 준비하고 하만과 함께 오기를 청하였습니다. 그리고 두 번째 베푼 잔치에서 소원을 묻는 왕에게 자신의 목숨과 자기 민족을 살려 달라고 간청하였습니다. 에스더의 간청으로 유다인들은 죽음을 면했으나 하만은 모르드개를 매달려고 세워 놓은 장대에 자신이 달리고 말았습니다. 왕은 하만의 모든 재산을 에스더에게 주었으며, 에스더와 모르드개의 관계를 알게 된 왕은 하만에게서 되찾은 인장을 모르드개에게 주었습니다.

묵상과 기도

- 에스더를 통하여 죽음의 위기로부터 자기 백성을 구원하시는 하나님의 사랑을 묵상해 보십시오.
- 포로 귀환 시 예루살렘으로 돌아가지 않고 페르시아 내에 있는 디아스프라 유대인들 모두가 하만에 의하여 진멸될 위기에 있었습니다. 이때, 아하수에로 왕의 아내이며 모르드개의 조카인 에스더 왕후가 금식으로 준비한 뒤, 금홀을 내민 왕을 만남으로 유대 백성들을 위기로부터 구해 냅니다. 이를 통해 하나님께서 이방 민족 속에서 고난받는 자기 백성을 보호하시고 구원하신 것을 알 수 있습니다.
- 준비된 하나님의 사람을 통하여 일하시는 신실하신 하나님을 기억하게 하옵소서.

95

욥에게 닥친 시험

(욥기 2 : 7-8, 10)

"사탄이 이에 여호와 앞에서 물러가서 욥을 쳐서 그의 발바닥에서 정수리까지 종기가 나게 한지라 욥이 재 가운데 앉아서 질그릇 조각을 가져다가 몸을 긁고 있더니" "……우리가 하나님께 복을 받았은즉 화도 받지 아니하겠느냐 하고 이 모든 일에 욥이 입술로 범죄하지 아니하니라"

우스 땅에 사는 욥은 흠 없고 정직하며, 하나님을 경외하고 악을 미워하는 사람으로 동방에서 으뜸가는 부자였습니다. 그에게는 일곱 명의 아들과 세 명의 딸이 있었습니다. 욥의 아들들은 자신의 생일이 되면 형제와 누이들을 초대하여 함께 먹고 마셨습니다. 잔치가 끝나면 욥은 자녀들을 불러 몸과 마음을 깨끗하게 하고 자녀의 수대로 하나님께 번제를 드렸습니다. 혹시 자녀들이 마음으로 죄를 짓거나 하나님을 저주했을지도 모른다고 생각했기 때문입니다. 이와 같이 욥은 항상 신앙적으로 행동했습니다.

어느 날, 하나님께서 세상을 두루 돌아다니다 온 사탄에게 "네가 내 종 욥을 주의하여 보았느냐? 욥처럼 흠 없고 정직하며, 하나님을 경외하고 악을 미워하는 자는 세상 어디에도 없다."라고 말씀하셨습니다. 그러자 사탄은 하나님이 욥의 가정과 재산을 지켜 주시고 하는 일마다 복을 주셨기 때문이라고 말하면서 욥이 가진 것을 빼앗으면 하나님을 저주할 것이라고 대답했습니다. 그러자 하나님께서는 사탄에게 욥의 몸에는 손대지 말고 다른 모든 것에 대해 시험해 보라고 했습니다.

욥은 한날에 모든 소유와 종들을 잃게 되었을 뿐만 아니라 그의 자녀들이 큰 아들 집에 모여 음식을 먹고 있을 때에 강풍이 집을 덮쳐 자녀들 모두 깔려 죽었다는 보고를 들었습니다. 욥은 이 모든 소식을 듣고 일어나 자기 옷을 찢으며 머리를 삭발하고 땅에 엎드려 하나님께 경배를 드리며 "내 어머니 태에서 벌거벗은 채로 나왔으니, 벌거벗은 채로 그곳으로 돌아갈 것입니다. 주신 분도 여호와시요, 가져가신 분도 여호와시니 여호와의 이름이 찬양을 받으시기 바랍니다!"라고 말하면서 이 모든 일을 겪고도 죄를 짓거나 하나님을 원망하지 않았습니다.

어느 날, 사탄이 또 하나님 앞에 섰을 때에 하나님이 사탄에게 "네가 내 종 욥을 주의하여 보았느냐? 욥처럼 흠 없고 정직하며, 하나님을 경외하고 죄를 미워하는 자는 세상 어디에도 없다. 네가 아무런 이유 없이 나를 자극하여 그를 해치고자 했으나, 그가 오히려 신앙을 튼튼히 붙들고 있지 않느냐?" 하고 말씀하시자 사탄은 욥의 몸을 병들게 하면 하나님을 저주할 것이라고 대답했습니다. 이에 하나님은 욥의 생명만은 건드리지 말고 사탄의 마음대로 해도 좋다고 하셨습니다. 사탄이 욥을 쳐서 그의 발끝에서 머리끝까지 온몸에 종기가 나게 했습니다. 그는 잿더미에 앉아 기와 조각을 주워서 온몸을 긁었습니다. 그때, 욥의 아내는 욥에게 차라리 하나님을 저주하고 죽으라고 했습니다. 그러나 욥은 아내에게 "당신은 어리석은 여자들처럼 말하는군요. 우리가 하나님께 복을 받았는데, 재앙인들 못 받겠소?" 하고 대답하였습니다. 이 모든 일에도 욥은 입술로 범죄하지 않았습니다.

묵상과 기도

- 욥의 하나님에 대한 신뢰와 하나님의 욥에 대한 신뢰를 깊이 묵상해 보십시오.
- 도덕적으로 완숙하고 가정적으로 행복하며 사회적으로 명사일 뿐만 아니라 종교적으로도 존경받는 욥을 하나님께서 사단에게 시험하도록 허락하십니다. 욥의 하나님에 대한 신뢰와 하나님의 욥에 대한 신뢰가 욥기에 나타나고 있습니다. 이처럼 하나님과 인간의 신뢰가 상호의 존적이므로 하나님께서 사단에게 욥을 시험하도록 허락하십니다. 그 결과 욥은 모든 것을 잃고 병까지 들어 생명만 유지함에도 불구하고 여전히 하나님을 신뢰합니다. 이렇게 하나님을 신뢰하는 욥이기 때문에 하나님 역시 욥을 절대적으로 신뢰합니다.
- 욥과 같은 신앙으로 하나님을 신뢰하는 삶을 살게 하옵소서.

96

물고기 배 속에서 나온 요나

(요나 2 : 9-10)

"나는 감사하는 목소리로 주께 제사를 드리며 나의 서원을 주께 갚겠나이다 구원은 여호와께 속하였나이다 하니라 여호와께서 그 물고기에게 말씀하시매 요나를 육지에 토하니라"

요나 1 : 1~3 : 3

하나님이 아밋대의 아들 요나에게 "일어나 저 큰 성 니느웨로 가서 그 성을 향해 외쳐라. 그들의 죄가 내 앞에까지 이르렀다."라고 말씀하셨습니다. 그러나 요나는 하나님을 피해 다시스로 가는 배를 탔습니다.

하나님이 바다 위에 큰 폭풍을 일으키자 파도가 높게 일어 배가 부서지게 되었습니다. 뱃사람들이 두려워하며 자기들의 신에게 부르짖고, 짐을 바다에 던져 배를 가라앉지 않게 했습니다. 그때 요나는 배 밑창에서 잠을 자고 있었습니다. 배의 선장이 와서 요나를 보고 "일어나 당신의 신에게 부르짖으시오. 혹시 당신의 신이 우리를 생각해 주어 우리가 살아날지도 모르잖소."라고 말했습니다. 사람들은 누구 때문에 이런 재앙을 만났는지 알아보기 위해 제비를 뽑자고 했는데 그 제비가 요나에게 뽑혔습니다.

바다에 바람과 파도가 점점 더 거세졌습니다. 그러자 사람들이 요나에게 어떻게 해야 저 바다가 잔잔해질 수 있는지 물었습니다. 요나는 "나를 바다에 던져 넣으십시오. 그러면 바다가 잔잔해질 것입니다. 나 때문에 이런 큰 폭풍이 몰려 왔다는 것을 나도 알고 있습니다."라고 말했습니다. 그러나 사람들은 배를 육지 쪽으로 저어 가려고 애썼지만 아무런 소용이 없었습니다. 할 수 없이 사람들은 하나님께 "여호와여, 이 모든 일은 여호와께서 바라시는 대로 일어난 것입니다."라고 부르짖으며 요나를 바다에 던졌습니다. 그러자 바다가 잔잔해졌습니다.

하나님께서는 매우 큰 물고기를 준비하셔서 요나를 삼키게 하셨고, 요나는 3일 밤낮을 그 물고기 배 속에 갇혀 있었습니다. 요나는 물고기 배 속에서 하나님께 감사하고 찬양하며 "주께 맹세한 것은 무엇이든 지키겠습니다. 구원은 여호와께 있습니다."라고 기도했습니다. 하나님께서 그 물고기에게 말씀하시니 물고기가 요나를 마른 땅 위에 뱉어 놓았습니다. 하나님께서 또다시 요나에게 "일어나 저 큰 성 니느웨로 가거라. 그곳에서 내가 너에게 전하는 말을 외쳐라."라고 말씀하시자 요나는 하나님의 말씀대로 일어나 니느웨로 갔습니다.

묵상과 기도

- 이방 나라 사람들을 심판하시기로 작정하셨으나 죄로부터 구원하시는 하나님의 사랑과 이와는 반대로 물고기 배 속에까지 들어갈 수밖에 없는 요나의 행동을 함께 깊이 묵상해 보십시오.
- 하나님께서 이방 나라 앗수르의 수도 니느웨 성읍을 향한 심판 경고의 메시지를 요나로 하여금 전하게 하십니다. 이런 소명을 받은 요나가 니느웨와 정반대 방향으로 피신하기 위해 배를 타고 도망가는 도중 풍랑을 맞아 바다 속에 던져집니다. 하지만 요나는 하나님께서 예비해 놓은 큰 물고기 배 속에서 회개하여 구출된 후, 하나님의 말씀대로 다시 그의 소명을 수행하기 위하여 니느웨로 갑니다.
- 이 땅의 모든 죄인들을 사랑하시는 하나님! 죄인들이 죄로부터 해방되는 하나님의 구속의 사역에 저희들을 사용해 주옵소서.

97

니느웨를 아끼시는 하나님

(요나 4 : 10-11)

“여호와께서 이르시되 네가 수고도 아니하였고 재배도 아니하였고 하룻밤에 났다가 하룻밤에 말라 버린 이 박 넝쿨을 아꼈거든 하물며 이 큰 성읍 니느웨에는 좌우를 분변하지 못하는 자가 십이만여 명이요 가축도 많이 있나니 내가 어찌 아끼지 아니하겠느냐 하시니라”

요나는 니느웨 성을 하루 종일 걸어 다니면서 "40일이 지나면 니느웨는 멸망한다!"고 백성에게 외쳤습니다. 니느웨 사람들은 하나님을 믿고 금식을 선포하고, 모든 사람이 굵은 베옷을 입었습니다. 니느웨의 왕도 그 소식을 듣고 거친 베옷을 입고 잿더미에 앉았습니다. 왕은 니느웨 온 성에 "사람이든 짐승이든, 소 떼든 양 떼든 입에 어떤 것이라도 대서는 안 된다. 음식을 먹어서도 안 되고 물을 마셔서도 안 된다. 사람이든 짐승이든 굵은 베옷을 입고 여호와께 힘껏 부르짖어야 한다. 누구나 악한 길에서 돌이켜야 하고 폭력을 쓰지 말아야 한다. 혹시 하나님께서 그 마음을 바꾸셔서 더 이상 노하지 않으실지 모른다. 그러면 우리도 죽지 않게 될 것이다."라고 명령하였습니다.

하나님께서 니느웨 백성이 악한 길에서 돌이키는 모습을 보시고 마음을 바꾸셔서 그들에게 내리기로 작정한 재앙을 내리지 않으셨습니다.

그러나 요나는 하나님께서 그 성을 멸망시키지 않으신 것에 대해 매우 못마땅히 여겨 화를 냈고, 하나님께 불평하며 자신을 죽여 달라고 말하자 하나님께서는 요나에게 "네가 그렇게 화를 내는 것이 과연 옳으냐?"라고 말씀하셨습니다.

요나는 성 밖으로 나가 성읍 동쪽에 초막을 짓고 그늘에 앉아 성이 어떻게 되는가를 지켜보며 기다리고 있었습니다.

하나님이 요나의 위로 박 넝쿨을 자라게 하시자 그 나무가 요나의 머리 위에 그늘을 만들었습니다. 요나는 그 그늘 때문에 기분이 좋았습니다. 다음 날 새벽녘에 하나님께서 벌레 한 마리를 보내셔서 그 나무를 해치도록 하자, 그 나무는 곧 죽었습니다. 해가 뜨자 하나님께서 뜨거운 동풍을 불게 하시므로 요나의 머리 위에 햇볕이 내리쬐었습니다. 요나는 온몸의 힘이 빠지고 죽고 싶은 마음에 "내게는 사는 것보다 죽는 것이 더 낫습니다"라고 말했습니다.

그때에 하나님이 요나에게 "네가 그 나무 때문에 화를 내는 것이 과연 옳으냐?" 하고 묻자 요나는 "그렇습니다. 죽고 싶도록 화가 납니다."라고 대답했습니다.

그러자 하나님께서 요나에게 "네가 심지도 않았고 가꾸지도 않았으며, 밤새 나타났다가 이튿날 죽고 만 그 나무를 그렇게 아끼는데, 하물며 옳고 그름을 가릴 줄 모르는 사람이 12만 명도 넘게 살고 있으며, 짐승들도 수없이 많은 저 큰 성 니느웨를 내가 아끼지 않을 수 있겠느냐?"라고 말씀하셨습니다.

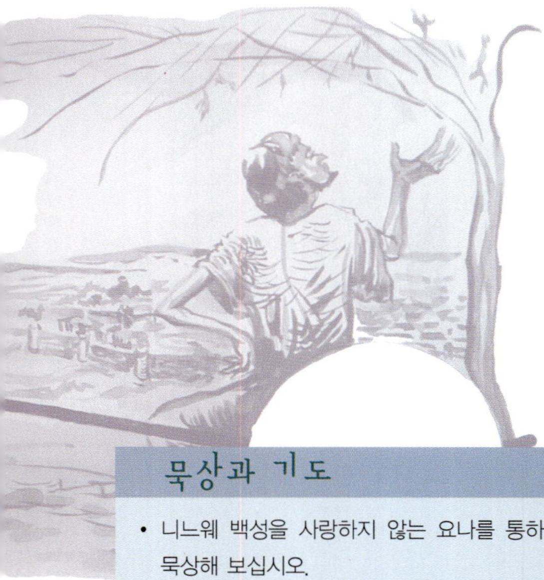

묵상과 기도

- 니느웨 백성을 사랑하지 않는 요나를 통하여 니느웨 백성들을 구속하시는 하나님의 섭리를 묵상해 보십시오.
- 불순종한 요나는 물고기 배 속에서 나온 후에 다시 하나님의 소명을 받고 순종하여 니느웨 성읍에 가서 심판의 메시지를 전합니다. 이 메시지를 들은 니느웨 거민과 앗수르 왕까지 회개하여 하나님께서 니느웨에 대한 심판의 뜻을 돌이켜 구원을 베푸셨습니다. 그러자 요나는 회개하여 구원받은 니느웨 백성의 사건을 못마땅히 여겼습니다. 이러한 요나에게 하나님은 박 넝쿨을 통하여 모든 피조물 중에 인간을 사랑하시며 은총으로 니느웨 백성들을 구원하셨음을 일깨워 주십니다.
- 하나님의 부르심에 순종하기를 기뻐하지 않는 우리를 사랑하시는 하나님! 감사합니다. 우리들도 하나님의 마음으로 죄 가운데 있는 모든 열방의 민족들을 사랑하게 하옵소서.

98

소선지서

(미가 6 : 8)

“사람아 주께서 선한 것이 무엇임을 네게 보이셨나니 여호와께서 네게 구하시는 것은 오직 정의를 행하며 인자를 사랑하며 겸손하게 네 하나님과 함께 행하는 것이 아니냐”

소선지서는 구약성경의 마지막 12권으로 호세아, 요엘, 아모스, 오바댜, 요나, 미가, 나훔, 하박국, 스바냐, 학개, 스가랴, 말라기가 여기에 속합니다. 소선지서라는 말은 그 내용이 짧기 때문에 붙여진 이름입니다.

하나님께서는 선지자들을 통하여 말씀하십니다. "나를 떠난 그들을 용서해 주겠다. 그들을 한껏 사랑해 주겠다. 다시는 그들에게 노하지 않겠다"(호 14 : 4). "지금이라도 너희의 온 마음을 다하여 내게 돌아오너라. 금식하고 울며 슬퍼하여라. 옷을 찢지 말고 너희 마음을 찢어라"(욜 2 : 12－13상).

하나님께서는 아모스 선지자를 통하여 다메섹 백성과 블레셋, 두로, 에돔, 암몬, 모압, 유다, 이스라엘 백성이 죄를 많이 지었으므로 그들을 심판하시겠다고 말씀하셨고(암 1－2장), 오바댜를 통하여 "세상 모든 나라에 대한 여호와의 심판의 날이 다가오고 있으며 너희가 행한 대로 당할 것이며, 너희의 악한 행동이 네 머리로 돌아갈 것이다."(옵 1 : 15)라고 말씀하셨습니다. 하나님께서 요나를 부르셔서 니느웨의 멸망을 선포하셨으나 니느웨 백성이 회개함으로 그들을 멸망시키지 않으셨습니다(요나). 하지만 오랜 후에 니느웨 백성이 악행을 일삼자 나훔 선지자를 통해 다시금 니느웨의 멸망을 선포했습니다(나훔). 미가 선지자는 하나님의 백성에게 모든 삶 속에서 정의를 드러내며, 다른 사람들에게 자비를 베풀고 하나님 앞에 겸손하라고 외쳤습니다(미가). 하박국 선지자가 하나님께 "어찌하여 저 악한 백성을 그대로 내버려 두시며, 악한 백성이 의로운 백성을 쳐서 이겨도 잠잠히 보기만 하십니까?"(합 1 : 13하) 하고 호소하자 하나님께서 "마치 물이 바다를 덮음과 같이 나 여호와의 영광을 아는 지식이 땅에 가득 찰 것이다."(합 2 : 14)라고 대답하셨습니다. 하나님께서 선지자 스바냐를 부르시고 "내가 이 땅 위의 모든 것을 완전히 없애 버리겠다."(습 1 : 2)라고 말씀하시고 "이제 예루살렘은 오직 나를 두렵고 떨림으로 경외하여라. 이제는 내 가르침을 받아들여라. 그러면 너희들이 살던 곳이 망하지 않을 것이며, 나도 너희들을 심판하지 않을 것이다."(습 3 : 7)라고 말씀하셨습니다.

하나님은 학개 선지자를 통하여 "산에 올라가 나무를 가져다가 성전을 지어라. 그러면 내가 그 성전으로 인해 기뻐하고 영광을 받겠다."(학 1 : 8)라고 말씀하셨고, 스가랴 선지자를 통해서는 이스라엘 백성들에게 하나님께로 돌아오라고 말씀하시며(슥 1 : 3), 여호와의 날이 이르리라(슥 14 : 1)고 선포하셨습니다. 하나님은 또한 말라기 선지자를 통하여 "해뜨는 곳에서부터 해지는 곳까지 내가 모든 민족들 가운데서 영광을 받을 것이다."(말 1 : 11)라고 말씀하셨으며 "나 여호와가 크고 두려운 심판의 날이 이르기 전에, 내가 예언자 엘리야를 너희에게 보내 주겠다. 엘리야가 와서 아버지가 자녀를 사랑하게 하고, 자녀가 아버지를 사랑하게 할 것이다. 그들이 사랑하지 않으면, 내가 와서 이 땅에 저주를 내리겠다."(말 4 : 5 – 6)고 말씀하셨습니다.

묵상과 기도

- 12 소선지서의 선지자들의 공통점을 생각하면서 묵상해 보십시오.
- 12 소선지서는 연대적으로 대선지서(이사야, 예레미야, 에스겔)의 계속이며, 이는 이스라엘과 유다의 멸망의 전후시대에 속합니다. 그리고 소선지서들은 대선지서의 선지자들처럼 하나님의 말씀을 이스라엘 백성들에게 선포합니다. 그들은 대선지서의 선지자들처럼 하나님의 소명을 받아 성령에 감동된 인물들이며, 이들 모두는 여호와 하나님 한 분으로부터 말씀을 받습니다. 그들의 선포내용은 주로 열국을 들어 이스라엘을 징계하며, 이스라엘 민족이 각국에 분산된다는 것이고, 열국이 망한다는 것, 이스라엘의 남은 백성이 구원을 받을 것이라는 것, 메시야가 오셔서 이스라엘의 남은 백성을 구원하신다는 것, 세계 모든 민족들 가운데서 여호와께로 돌아오는 자들이 많을 것이라는 것 등입니다.
- 하나님의 말씀을 받아 하나님의 백성들에게 하나님의 뜻을 전하는 선지자로서의 사명을 잘 감당할 수 있도록 도와주옵소서.

99

십일조

(말라기 3 : 10)

"너희의 온전한 십일조를 창고에 들여 나의 집에 양식이 있게 하고 그것으로 나를 시험하여 내가 하늘 문을 열고 너희에게 복을 쌓을 곳이 없도록 붓지 아니하나 보라"

만군의 여호와 하나님께서 이스라엘 백성들에게 말씀하셨습니다.

"너희 조상 때부터 너희는 내 규례를 따르지 않고 지키지 않았다. '나에게로 돌아오너라. 그러면 나도 너희에게 돌아가겠다.' 라고 말했으나 너희는 '돌아가려면 어떻게 해야 합니까?' 라고 묻는다.

어찌 사람이 하나님의 것을 훔치겠느냐? 그러나 너희는 나의 것을 훔치고도 '우리가 언제 주 하나님의 것을 훔쳤습니까?' 라고 하였다.

너희가 내게서 훔친 것은 십일조와 예물이다. 온 나라가 나의 것을 훔쳤으므로 너희에게 저주가 내렸다.

너희는 창고에 너희가 거둔 것의 십일조를 가져와 나의 집에 먹을 것이 있게 하여라. 그것으로 나를 시험하여라. 내가 하늘 문을 열고 너희가 쌓을 공간이 넘치도록 너희에게 복을 붓지 않나 보아라. 내가 너희 작물을 해충들이 먹어 치우지 못하도록 하겠으며, 너희 포도밭의 포도가 익기 전에는 떨어지지 않도록 하겠다. 나 만군의 여호와의 말이다.

모든 민족이 너희를 복되다고 말할 것이며, 너희가 좋은 땅을 가지게 될 것이다. 나 만군의 여호와의 말이다."

묵상과 기도

- 우리가 가지고 있는 모든 것을 베풀어 주신 하나님께 우리의 생명을 드리는 증표인 우리의 십일조 생활을 살펴보십시오.
- 말라기서는 총 6편의 설교가 있는데 위의 본문은 십일조 규례 위반에 관한 내용입니다. 온전한 십일조는 성도들이 하나님의 청지기이고, 우리의 모든 소유가 하나님의 것임을 인정하는 증표입니다. 따라서 성도들은 십일조를 구분하여 마땅히 하나님께 드려야 합니다. 이를 지키지 않는 사람은 하나님의 것을 도적질하는 행위를 하는 것입니다.
- 우리에게 필요한 모든 것을 허락해 주신 하나님! 감사합니다. 우리의 생명까지도 주님의 것이오니 주님이 주신 것들을 기쁜 마음으로 주님께 바치는 복을 허락하옵소서.

100

예수 그리스도의 탄생 약속

(이사야 7 : 14)

"그러므로 주께서 친히 징조를 너희에게 주실 것이라 보라 처녀가 잉태하여 아들을 낳을 것이요 그의 이름을 임마누엘이라 하리라"

하나님의 백성들이 하나님과의 약속을 어기고, 하나님의 말씀에 순종하지 않으며, 악을 행하고, 죄를 지었습니다. 사람들은 자신들의 죄로 인하여 죽을 수밖에 없게 되었습니다.

그러나 하나님께서는 사람들의 죄악을 용서하시고, 죄와 죽음에서 살리고자 하나님의 아들, 예수 그리스도를 보내 주시겠다고 하나님께서 택하신 선지자들을 통하여 약속하셨습니다.

"그러나 너 베들레헴 에브라다야, 너는 유다 족속들 가운데서 가장 작은 마을이지만 네게서 이스라엘을 다스릴 지도자가 나를 위해 나올 것이다. 그는 아주 먼 옛날 멀고 먼 옛날로부터 온다"(미 5 : 2).

"정말로 그는 우리의 질병을 짊어지고, 우리의 아픔을 대신 겪었다. 그러나 우리는 그가 하나님께 벌을 받아서 고통을 당한다고 생각했다. 그러나 그가 상처 입은 것은 우리의 허물 때문이고, 그가 짓밟힌 것은 우리의 죄 때문이다. 그가 맞음으로 우리가 평화를 얻었고, 그가 상처를 입음으로 우리가 고침을 받았다. 우리는 모두 양처럼 흩어져 제 갈 길로 갔으나, 여호와께서 우리의 모든 죄 짐을 그에게 지게 하셨다"(사 53 : 4-6).

구약성경의 이야기는 예수님의 오심에 대한 약속으로 끝이 나고, 이제 하나님의 아들, 예수 그리스도의 탄생과 함께 신약성경의 이야기가 시작됩니다.

묵상과 기도

- 불순종으로 죄 가운데 있는 우리를 위하여 하나님의 아들 예수 그리스도를 보내 주신 하나님의 극진하신 사랑을 묵상해 보십시오.
- 하나님이 보낸 선지자들을 통하여 하나님께서는 하나님과의 약속을 어기고 말씀에 순종하지 않는 사람들의 죄를 구속하시기 위하여 그 아들 예수 그리스도를 보내실 것이라고 말씀하셨습니다. 특히 이사야를 통하여 여호와께서 우리의 모든 죄 짐을 그에게 지게 하실 것을 예언하십니다.
- 죄 가운데 있는 우리를 위하여 하나님의 아들 예수 그리스도를 이 땅에 보내 주신 하나님! 감사합니다. 죄 가운데 있는 열방의 모든 민족을 향하여 하나님이 보낸 우리 구주 예수 그리스도를 선포하고 증거하게 하옵소서.

그림과 함께하는

구약성경 이야기

초판인쇄 2009년 6월 20일
초판발행 2009년 6월 30일
엮 은 이 한국기독교교육교역연구원
펴 낸 곳 사) 한국기독교교육교역연구원
주　　소 134-864 / 서울특별시 강동구 천호동 451-20 동양트레벨 303호
전　　화 (02) 487-5325 / 팩스 487-5325

총 판 처 비전북
전　　화 (031) 907-3927
등　　록 No.17-427(2005. 4. 7.)
ISBN 978-89-93377-03-3 / Printed in Korea

값 12,000원

한국기독교교육교역연구원의

셈연구시리즈

■ ■ 먼저 2004년 8월 23일 개원 이래 한국기독교교육교역연구원(셈연구원)과 오늘까지 함께해 주신 하나님께 감사를 드립니다.

셈연구시리즈 첫 번째, 「영적 웰빙을 위한 목회 리더십」은 목회자들을 위한 책인 반면 두 번째, 「중년기 부부를 위한 하프 타임 클리닉」은 각 교회에서 중년기 부부들을 대상으로 실제 활용할 수 있도록 개발된 기독교교육 프로그램입니다. 세 번째, 「기독교영성교육」은 예수 그리스도의 제자로 부름을 받은 그리스도인들의 영적 순례를 위한 교재 및 하나님과 함께하는 영적 길잡이로 활용할 수 있도록 개발된 책입니다.

영적 웰빙을 위한
목회 리더십
임창복 지음
값 7,000원

중년기 부부를 위한
하프 타임 클리닉
임창복 · 유병호 · 이현숙 · 김화선 공저
값 7,500원

기독교영성교육
하나님과 함께하는 영적 길잡이
임창복 · 김문경 · 오방식 · 유해룡 공저
값 10,000원

네 번째, 「몰트만 신학과 기독교교육」은 기독교교육의 관점으로 몰트만 신학을 재구성하여 기독교교육 교육과정을 제시한 책입니다. 다섯 번째, 「탈북교인의 신앙분석」은 탈북교인의 신앙상태를 분석하여 이들의 삶과 신앙문제의 해결방안을 모색할 수 있는 책입니다. 여섯 번째 책인 「21세기 교회의 선교교육」은 21세기 교회가 추구해야 할 선교교육의 구체적인 목적과 방법을 논하였습니다. 일곱 번째 책인 「말씀으로 기도하기 1 시편」은 현대 기독교인들이 성경말씀을 읽고 기도하는 데 실제적인 도움을 주고자 발간된 것입니다.

몰트만 신학과
기독교교육
임창복 · 이형기 엮음
값 10,000원

탈북교인의
신앙분석
한국기독교교육교역연구원 편
값 8,000원

21세기 교회의
선교교육
임창복 · 김영동 · 김강덕 공저
값 13,000원

말씀으로 기도하기 1
시편
강사문 · 유해룡 · 오방식 · 이원형 집필
값 15,000원

여덟 번째 책, 「중·고등부 절기자료」는 예배, 교육, 영성을 개발할 수 있는 실제 프로그램이 담겨 있습니다. 아홉 번째 책, 「교회노인교육」은 교역적 차원의 노인교육의 방향과 실제 프로그램을 제시하였습니다. 열 번째 책, 「영유아기부터 아동기 어린이를 위한 영성교육」은 예배, 교육, 성경공부를 영성훈련 프로그램과 함께 제시한 어린이 영성교육의 차별화된 지침서입니다. 열한 번째 책, 「말씀으로 기도하기 2 누가복음」은 상상력을 활용한 성경 묵상책입니다.

중·고등부
절기자료
한국기독교교육교역연구원 편
값 10,000원

교회노인교육
임창복 · 이언구 · 최명희 공저
값 12,000원

영유아기부터 아동기 어린이를 위한
영성교육
이규민 · 김경진 · 이진주 · 이원형 집필
값 10,000원

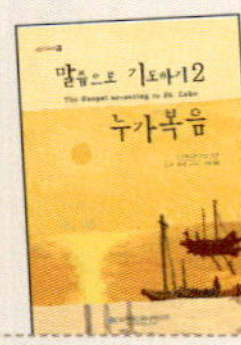

말씀으로 기도하기 2
누가복음
김문경 · 유해룡 · 오방식 · 이원형 집필
값 15,000원

열두 번째 책, 「성공적인 목회를 위한 예배교육 프로그램」은 초대교회 때처럼 예배와 교육이 서로 얽혀 있는 '예배교육'을 위해 이론교육과 실제 프로그램을 함께 제시한 것으로, 신학생들과 목회자 모두에게 애용될 수 있습니다. 열세 번째 책, 「교회노인교육 프로그램 1」은 교회노인학교와 노년부에서 활용될 수 있는 실제 프로그램이 다섯 가지로 구성되어 있습니다. 열네 번째 책, 「그림과 함께하는 구약성경 이야기」는 구약성경 전체를 100장의 그림으로 러시인 나타사가 그린 것인데, 본서는 그림과 함께 모든 연령층의 독자들이 쉽게 구약성경 말씀을 읽고, 묵상하고, 기도할 수 있도록 구성되었습니다.